大夏书系·教育新思考

给教师的阅读建议

闫学 著

华东师范大学出版社

全国百佳图书出版单位

自 序

当赫本走进书店

20世纪中叶，一个寒冬的早晨，一辆大车停在芝加哥一家书店门口，从车上下来两个男人和一个女人，他们径直走进了书店。其中一个男人叫雷克，是这家书店主人的朋友。书店主人是著名的图书经销商斯图亚特·布朗特，他所经营的这家书店在美国久负盛名，被称为芝加哥的麦加圣地。当雷克把那个有着优雅身形、穿着华贵的貂皮大衣的女人带到斯图亚特面前时，女人开口对他说话，并向他伸出了手。斯图亚特不由得向后退去。因为他发现站在面前的不是别人，而是大名鼎鼎的凯瑟琳·赫本。

"是啊，她就是凯瑟琳。"面对惊呆了的斯图亚特，三个人全都哈哈大笑起来。

那天，书店的壁炉里炉火正旺，书店里如此安静和暖和，赫本和他的朋友们挑选了很多书，几乎要把书店搬空。对斯图亚特而言，这真是一个美好的梦境；对世界上无数如我这般喜爱赫本的影迷而言，这简直是一个意外之喜——我从来不知道，美丽高贵的赫本竟然也是一个爱书之人。

也许，正因为爱书，才成就了她永恒的美丽和高贵？

书籍本身是美好的事物，自然也会吸引美好的事物。那么，装满美好书籍的书店，自然也会吸引美好的人物，就像斯图亚特的书店吸引了赫本一样。

我的朋友中有不少人曾有一个梦想：开一家书店。这家书店要有素朴的、未加修饰的实木书架，上面堆满了书。那些书看上去都有些陈旧，不像刚刚出版的书那般簇新，没有被严格分类，就那么随意地堆放在书架上，等待着有缘的人。书架旁边要有未曾油漆过的藤椅和木桌，藤椅上散放着几个素色的棉布靠垫，木桌上是氤氲着热气的咖啡和茶，招待着不多的几个顾客……

其实，这也是我的一个梦想。虽然这个梦想从来不曾实现过，但我非常清楚，真要给我一个这样的书店让我打理，估计再美好的梦想在现实面前都会破碎。不是吗？在电商占有绝对优势，实体书店举步维艰，乃至纷纷倒闭的今天，不光可逛的书店越来越少，连我本人都减少了逛书店的次数，还能要求别人来书店买书吗？

有一位朋友说，他爱一个城市的程度，取决于这个城市中书店的数量。这样的表白，在今天充满了苍凉悲壮的况味。我相信，在当下，一个拥有比较多书店的城市，一定是一个值得爱的城市。这样的城市可能比较素朴，但绝不会粗鄙；可能不那么繁华，但绝不会贫乏。遗憾的是，这样的城市正以日新月异的速度发生着变化，一些如书店一样美好的事物正迅速地消逝在这个世界中。

但我还是会有空就走进附近的一家书店，每次都不会空手而归。其实，在很多时候我走进书店并非有什么明确的目的，毕竟许多想买的书通过网购可以便宜又迅捷地获得，但我还是会去——我迷恋在书架前面徜徉的时光，幻想自己是一个民国的女子，以优雅、缓慢的动作从书架上抽出一本书，然后就静静地站在那里，一页页翻过去，直到黄昏来临……

这种充满矫情的幻想总是轻而易举就被眼前的事实唤醒。其实不难想象这家位于繁华商业街上的书店何以支撑到今天，当你在开学季走进书店时，面对近乎拥挤、争先恐后选购教辅资料的家长和孩子，就会明白个中奥秘。也正因为如此，我想更要常去书店逛逛，买一本非教辅资料的书，以给店家一点微弱的信息——并非每一个读者都只对教辅和快餐文化有兴趣，也并非每一个读者都选择网购。

今天，城市的书店犹存，选购教辅的家长和孩子会走进来，选购职场攻略、销售秘籍的年轻人会走进来，如我一般平常的读者还会偶尔走进来，但美丽的赫本再也不会走进来。

但我相信美好的东西终会留下时光的印记。这本关于"阅读建议"的书，不一定对每一个教师朋友都适用，但我试图穷尽阅读的美好，希望其中的诚意可以吸引爱书的朋友，就像当年芝加哥的书店曾吸引了美丽的赫本一样。

闫　学

第五辑　怎样写读书随笔

不会读就不会写 ························ 127

阅读与写作是美丽的双翼 ················ 130

怎样写读书随笔 ······················ 136

怎样做读书笔记 ······················ 139

读书随笔示例一：一个灵魂的燃烧 ········ 143

读书随笔示例二：以天地为课堂 ·········· 154

第六辑　让不爱阅读的孩子爱上阅读

阅读点亮童年 ························ 163

阅读是孩子的精神需要 ················ 166

让不爱阅读的孩子爱上阅读 ············· 171

为什么要给孩子朗读童话书 ············· 175

越是学习困难的孩子越需要阅读 ·········· 179

教育学生尊重书籍 ···················· 182

构建班级图书馆 ……………………………………… 185

怎样组织学生开展阅读主题活动 ………………… 189

附　一　闫学：阅读，生命中最重要的遇见 ……… 195

附　二　阅读与教学是一种因果关系 ……………… 204

附　三　这一代人的怕与爱 ………………………… 209

后　记　我不是来谈阅读的 ………………………… 211

第一辑 优秀教师是读出来的

我们选择阅读时在选择什么

谈起古典文学名著《红楼梦》，会听到周围的男士慨叹：宝玉为何如此傻气，非要爱一个多病多愁的林妹妹，却对成熟稳重的宝姐姐如此冷落？为人之妻，无论从哪方面来看，宝姐姐似乎都是最佳人选。

其实，选择林妹妹还是宝姐姐，意味着你选择了一种怎样的生活，或者说你更加看重的是一种怎样的生活。选择宝姐姐，你的生活必是事事稳妥，滴水不漏，左右逢源，但你将在精神的孤寂中度过一生；选择林妹妹，她不会跟你谈仕途经济，不会逼你读圣贤之书，更不会催你夺取功名，你就等于选择了一种纯粹的、不基于任何利益考量的自由与率性的人生，但你又免不了由于不合时宜而遭到议论和妄加揣测。那么，你选择什么？

其实，这种权衡的结果无所谓对错，只看你心中的天平最终倾向哪一头。现实生活中的种种考量也大抵如此。比如，关于教师的阅读，是否阅读，阅读什么，也是一种考量。常听老师慨叹，工作太忙，生活的担子太重，读书的时间太少；也常见老师困惑，读书虽然很重要，但怎样从现实的困境中抽身出来，让自己的身心徜徉在阅读的天地中呢？

在我看来，读书时间少，没有精力、没有条件去读书，这些都不是主要问题，甚至不是真正的问题。因为当你把阅读当成一种生活方式，当成一种像呼吸一样自然的生命状态时，阅读就融入了你的生命，成为生命本身的一部分，而不是游离于生命外部的特别添加，不是割裂于生活本身的额外负担。真正的问题是，你是否选择阅读，是否愿意过一种阅读的生活？

是否选择阅读，决定了我们选择的是一种怎样的生活。

没有阅读的生活无疑是干瘪枯涩的。当一个人的生活中没有书籍的参与，没有阅读可能对生活带来的影响，这个人的生活只是完成了很少的一部分——更准确地说，这很少的一部分只是一种生存，是一种难以逾越的现实的局限；而人生中更大的那一部分，即人的精神世界和心灵生活，则会因为阅读而变得无限丰富：阅读可能会给人带来的开阔与无限，那些让人刻骨铭心的爱恨情仇，那些你今生今世可能永远无缘体验的心灵瞬间，那些曾经与你一样生活在这个世界上的芸芸众生究竟书写了怎样的人生轨迹，你都可能会由于阅读而看到，并参与其中，甚至因此改变你周围的一切，包括你自己的一切。就这样，生命因为阅读的参与而开始变得不确定，不再是一潭死水，不再是面前只有一条路，你完全可以换一种眼光，甚至换一种生活，哪怕有一天你不做教师，离开教育，你也会发现你还是可以生活，甚至可以生活得很好。那么，这唯一的一次生命，就因为阅读而被我们无限地丰富了，拉长了。

记得在写作《跟苏霍姆林斯基学当老师》一书时，我曾这样写道：

> 在这些年的阅读中，在这个精神世界中，我活过很多次，也不断地经历死亡，有时沉入绝望的深渊，有时又攀上了幸福的巅峰。但无论如何，这一切都是我从现实生活的庸庸碌碌中突围的记录，是一个人至死无悔的生命历程。因为阅读，我对生活变得甘心；也因为阅读，我对生活又总是充满渴望。我甘

心将自己浸入这个世界，现实的与精神的双重世界，我什么都满足，充满欢欣地参与其中；我又什么都想尝试，渴望挑战，有时自我挑战。我成了一个矛盾的统一体，我在反复的纠结中化茧为蝶。而这一切，都是因为阅读。

有阅读的生活就是这样，哪怕它是短暂的，但绝不会是单薄的。有阅读的人生可能依然避免不了缺憾，但会一直走向圆满。

2010年岁末，史铁生死亡的消息传来，有老师在我的博客上留言，问我如何看待。作为一个曾无数次在公开场合表白自己热爱史铁生的人，我的回答是：史铁生的去世带给我的不是震惊，甚至也不是哀痛，死亡对他来说只是一种生命的仪式。从我个人的角度来说，那么多优秀的人都去了另一个世界，使我越来越不惧怕死亡。

这种对生命的体验与其说是史铁生带给我的，毋宁说是在这么多年阅读史铁生作品的过程中获得的。阅读对一个人精神生命的影响就是这么重要。

但是，对教师这个群体而言，阅读又有着什么特殊的意义呢？

其实，我们大可不必将阅读对教师教育素养的提升挂在嘴上，这已经成为不言自明的东西。我们应该思考的是，除了提升所谓的教育素养，阅读究竟能给教师的生命带来什么？

首先，阅读会告诉每一个爱阅读的教师，教育不是生活的全部。你选择了教师这个职业，只是意味着你所从事的这份工作面对的不是金钱，不是机器，而是活生生的人。这份工作固然十分复杂，我们所处的又是这样一个充满繁难的教育环境，但这并不意味着一个教师的生活就只能充斥着教育。目前，教师群体中一个很大的问题不是对教育的专注和忠诚不够，而是过于专注和忠诚了。当一个教师的生活中除了教育再没有其他东西的容身之地时，这样的生活无异于一种受难，是日复一日、永无尽头的重复、封闭与单调。近年来教师群体中出现的一些心理问题，不光是由于教育现实的巨大压力，还在于一些教师的生活中只有教育，一旦他在教育实践中遭到挫败，他的整个世界就崩塌了，于是在精神上出现问题就不奇怪了。一个眼中只有教育，对其他事情漠不关心的教师，他的教育必然是窄闭的，遇到教育实践中一些非常复杂的问题，他很可能就会束手无策。教师的生活同样应该是丰富的，教师也应该有不同的生活状态，教育绝不应该成为一个禁锢心灵的囚笼。如何放飞自由的心灵？阅读虽然不是唯一的方式，却是一条重要的渠道。因为阅读会帮助教师至少在精神上实现突围，会让教师通过阅读看到世界的阔大与丰富，看到生命存在的多样性与不同的生长密码，看到生活的意义不仅在于教育本身，更在于感受生命成长的快乐和价值。这样，教师就不仅更能容纳学生个体的差别，接受由于这种差别所造成的工作的繁难与琐碎，也更能悦纳自己，坦然面对自己的困难，寻找解决问题的策略；教师就不仅会看到教科书，看到黑板和粉笔，还会看到春花秋月，潮起潮落，听见风吹过树林时发出的飒飒之声……

此外，阅读会让一个人的容颜变得美丽。这绝不是故弄玄虚。我们不妨观察一下周围那些爱阅读的教师，就会发现他们不仅精神气质与那些不阅读或很少阅读的教师不一样，连面容也似乎更加耐看。其中的秘密是什么呢？因为阅读，一个人的心灵会敞亮起来，于是，他们的眼神更平静，性情更豁达，更难以被激怒；因为阅读，他们学会了在困境中保持必要的优雅，因此，他们不会在教室里破口大骂，更多的时候在寻找解决问题的方法；因为阅读，他们知道每个人的生活都应该有不同的状态，而教育只是生活的一部分，是人类趋向光明、走向美好的一种途径，但不是唯一的、窄仄的单行道；因为阅读，他们见识广泛，兴趣多样，甚至不会把教师这个职业过分地看重，但这并不妨碍他们成为一个好老师；因为阅读，他们懂得了尊重和接纳每一个生命的不同，因为他们不仅在现实生活中，更在阅读提供的那个广阔的世界中看到过各种各样的生命；因为阅读，他们更善于等待，因为阅读时获取的大量案例让他们相信，生命成长的某些东西必须经过等待才能获得……当一个人的内心深处拥有了这么多宝贵的财富时，他的容颜就不会不美丽，哪怕他老了，他依然是美丽的。

另外，很重要的一点是，一个爱阅读的教师，他必然会对学生产生重要的影响。这不仅在于爱阅读的教师能够提供比较高质量的教学，更在于他能对学生产生精神层面的启迪和影响。他会在不知不觉中传递生活的美好，传达善良的心意，培育敞亮的心胸。在很多情况下，学生会由于教师对阅读的热爱而热爱阅读，会由于教师对书籍的迷恋而迷恋书籍。有一个教师经常在班上给学生讲述自己搜罗各个版本图书的经历，讲述其中的忧乐，也讲述各个版本图书的差别，结果这个班里的所有学生都爱上了买书、藏书，他们挑选图书的眼光更"刁钻"，更独特……阅读，就这样成为一种很重要的教育力量，帮助教师完成了对自身职责的诠释。

喜欢刘小枫的一句话："即使世界今天就要毁灭，只要我们爱过，生命就是不朽的——历史的紧急关头不是世界末日即将临头，而是我的生命依然在等待。"生命的不朽需要爱来诠释，没有爱的生命随时都处在紧急关头，而曾经在爱中浸润的生命已经达成了自己的终极意义，此生便不会再有紧急关头，死亡也不是紧急关头，而是生命的另一种表现形式。同样，没有阅读的生活将让我们时刻处在紧急关头，因为我们依然在生命的空耗中等待。

阅读助教师实现精神突围

一次与几位爱书的朋友谈天，话题自然而然包括了读书。有朋友提出了这样的问题：如果到一个孤岛，只能带一本书，你打算带什么书？一个朋友说，他要带《老子》；另一个朋友说，她要带《庄子》；我说，要带《瓦尔登湖》。

在我看来，老子与庄子都过于玄妙，对普通人来说，能够理解的恐怕十分有限，似乎只有梭罗能让一个与世隔绝的人把孤独看作生命的美好体验，把天地自然看作生命本身的一部分。对一个身处孤绝的人来说，梭罗当是一个最好的伴侣。

其实，当我们在谈论这些书的时候，也是在谈论一种生活：当人类对生活的欲求变得简单时，自然就会想到借助阅读来丰富自己的生命。对每一个现代人来说，阅读应该成为生命的一部分。但在当下，阅读早已被挤到一个非常逼仄的角落，这种令人悲哀的现实也波及教育，波及教师、学生和家长。对教育来说，再没有比这更让人揪心的事了。

阅读是一种幸福的元素

对每一个教师而言，当下最要紧的不是有没有读书的时间，而是你肯不肯选择阅读，选择过一种阅读的生活。

教师应该读书，这种说法的背后其实隐含着一个问题：教师为什么必须读书？若用当下一句最常见的话来回答，即教师读书可以夯实底蕴，提升教育教学素养。但教师阅读与教育教学素养之间的逻辑关系早已不需要证明，我们现在必须思考的是，除了提升素养这个显而易见的理由，我们还能从哪些方面来证明教师阅读的必要性呢？

首先，阅读是人生获得幸福的一种重要渠道。

苏霍姆林斯基曾说："一个不掌握数学、不会解应用题的人，仍可以生活下去并获得幸福；然而，如果不会阅读，则不能生活，也不会获得幸福。"在他看来，一个人可以不懂得数学、物理和化学，甚至可以淡化其他的兴趣爱好，却唯独不能没有阅读。一个人若能够学会阅读，就能获得生活的幸福。阅读本身已经成为一种幸福的元素。

苏霍姆林斯基用这种看似偏激的表达方式道出了阅读对于人生的意义。作为一个不能没有阅读的人，这些年我在阅读中活过很多次，经历过许多不一样的人生，体验过许多在现实生活中没有体验过的情感。这些年我潜心研究苏霍姆林斯基的著作，在那些浩如烟海的文字中，我常常会流下眼泪，为教育家那种对人的无限的爱与信赖、对世间万物的那份悲悯的情怀而深深感动。作为一个教师，苏霍姆林斯基的这些文字更促使我在内心深处对自己的灵魂进行不断的审视与反思。这个过程有时非常痛苦，我本能地想回避，但是只要再读这些文字，就不但我的痛苦得到了理解与抚慰，而且我更从中找到了许多可以借鉴的解决问题的方式。这时候，痛苦就变成了幸福。

这让我想起多年前阅读本哈德·施林克的《朗读者》，第一次真切地感受到能够阅读是一件幸福的事情。在15岁的少年米夏与中年女人汉娜的故事中，始终有一个常规节目——朗读。曾经身为纳粹分子的汉娜是个文盲，却有意掩盖了自己不会读写的事实，她让米夏朗读文学作品给她听，一直到她被捕入狱直至死亡。我真正从汉娜身上感受到一个人能够阅读、写字是一件多么幸福的事情。而在此之前，虽然我在阅读中获得了许多快乐，但似乎从来没有真正意识到，与不能阅读的人相比，一个能够阅读的人会从阅读中获得幸福。而这一点，与我们是不是一名教师无关。

其次，阅读帮助我们在精神上实现突围。

常听一些教师朋友诉说没时间和精力读书，虽然知道阅读对一个教师的重要性，但还是难以静下心来读书。其实，越是没时间、没精力，越要让自己沉入阅读。诚然，我们今天面对的是一个令人十分焦虑的教育现实，所处的是一个不能尽如人意的教育环境，教师面临着前所未有的挑战。但是，怎样才能从这种困境中突围出来？在我看来，阅读将帮助一个教师至少在精神上实现突围，让他的生命变得敞亮起来。在教师的职业生涯中，除了必要的实践与经验，只有阅读才能让自己变得富有智慧，充满活力。一个不阅读的教师，如果只是满足于单纯的实践与经验，那么，他的教育教学生涯就将成为日复一日、年复一年的重复与受难，产生倦怠感几乎是必然的结果。大量优秀教师的成长案例证明，优秀教师首先是一个读书人，是一个嗜书如命的阅读者，在他们成长的每一个重要阶段，阅读成为几乎贯穿始终的重要事件，书籍是培育、促进、提升他们基本素养的主要载体。

俄国作家邦达列夫曾说："一个人打开一本书，就是在仔细观察第二生活，就像在镜子深处，寻找着自己的主角，寻找着自己思想的答案，不由自主地把别人的命运、别人的勇敢精神与自己个人的性格特点相比较，感到遗憾、怀疑、懊恼，他会笑、会哭，会同情和参与。"就在这种不断地寻找、比较、遗憾、怀疑与懊恼之中，我们开始了自己的第二生活，从而在每一个阅读的时刻，我们就在精神上得以从现实的繁杂琐细与庸庸碌碌中抽身出来，甚至在那些暂时没有阅读的时刻，那些曾经在阅读中见识过的人物、场景，以及对生活的思考和体验，都会在不经意间成为我们生活的重要参照。阅读就是这样丰富、延伸了我们的生命。

阅读是如此重要，但读书的时间从哪里来？其实，当我们把读书当成一种生活方式，当成一种像呼吸一样自然的生命状态时，我们就一定能够找到读书的时间。对每一个教师而言，当下最要紧的不是有没有读书的时间，而是你肯不肯选择阅读，选择过一种阅读的生活。当你尝试着将阅读融入自己的生活时，就会发现，阅读不是生活的额外负担，而是一种必要的丰富与润泽，一种重要的借鉴与参考。

教育阅读重在完善知识结构

教师的阅读不是只读教育类的书籍，而是以不断完善自身的知识结构为目标，指向的是提升自身的生命质量。

虽然教师在阅读时同样是作为读者而存在的，但教师的阅读毕竟带有鲜明的职业特点，在很多情况下，我们甚至不能像一般的读者那样读所欲读。因此，我们有必要将教师的阅读与其他读者的阅读区分开来。2008 年，我的读书随笔集《教育阅读的爱与怕》一书出版，书中提出了"教育阅读"的概念。这个概念的提出，意在强调教师阅读与一般读者阅读的区别，着眼于阅读者的身份——教师，而非单纯地指教师要阅读教育类的书籍。同时，"教育阅读"还意在说明，教师的阅读是以不断完善自己的知识结构为目标的，指向的是丰富、润泽、提升教师的生命质量。我试图以自己的阅读经历来探讨和展现一名教师应有的知识结构：精深的专业知识、深厚的理论基础和开阔的人文视野。要成为一名真正的优秀教师，这三个板块的知识缺一不可。大量优秀教师的成长案例早已证明了这一点，而这正是我们反复强调一个教师必须具有完善的知识结构的主要原因。

如果我们承认自己所教的这门学科是一门学问，那就必须承认它不是孤立绝缘的。而对于一门并非孤立绝缘的学问，教师的知识结构也就不能是孤立绝缘的，教师必须具有开阔的、丰富的、彼此融通的知识背景，这也是我们反复强调一名教师必须具有完善的知识结构的另一主要原因。说到底，知识的宽度将最终决定教师的职业生涯所能到达的高度。

必须指出的是，教师的阅读以完善知识结构为主要目标，但一个教师知识结构的完善是一个漫长的过程，绝不可能一蹴而就。我们不能奢望教师读了几本书，马上就会有一个实质性的变化。在很多情况下，教师的阅读不会在一些显性层面上给教师带来立竿见影式的指导和帮助。但阅读本是一种浸润，阅读对一个教师精神上的影响以及教育教学素养上的改变，并不能用一种明确的量化的指标或一种显而易见的转折来体现。而且，在教师大量阅读的过程中，必然伴随着大量的反思、提炼与审视，在不断生长中返回自身，突破自我，最终化茧为蝶。而这个过程需要时间，需要心平气和地缓慢酝酿。所以，对一个渴望成长的教师而言，阅读是一辈子的事情，所谓花一辈子备每一节课，说的就是这个道理。从这个意义上来说，教师的成长也需要等待。

将有限的时间花在经典阅读上

真正有价值的阅读有如爬坡，可能读懂的只是其中的一小部分，但只有这种有坡度的阅读对教师的成长才真正有用。

在教师阅读指向完善知识结构的前提下，我们可以围绕"专业知识、教育理论、人文视野"这三个板块提出一份教师的阅读书单。由于教师个体的知识背景不同，因此这份阅读书单要因人而异，量身打造，针对每一名教师的具体情况来提出具体的书目。虽然对不同教师而言，书目的选择是不一样的，在同一个教师不同的成长阶段，书目的选择也会有所不同，但在选择书目的过程中，还是有一些原则可以遵循的。

非经典不读。道理非常简单，只有经典的书籍才值得花费时间去阅读。叔本华曾引述希罗多德讲述的一个故事：薛西斯（波斯国王）看着自己的百万雄师，想到百年之后竟没有一个人能幸免黄土一抔的命运，感慨之余不禁潸然泪下。叔本华由此联想到出版社厚厚的图书目录。如果在十年之后，这些书籍没有一本曾被人阅读，岂不也要令人泫然欲泣吗？叔本华的联想绝不是多愁善感、杞人忧天，因为能经得起检验的经典书籍确实不多。因此，要警惕畅销书，将有限的时间、精力以及金钱花在阅读经典上，这不仅是一种成本的考量，也是一个严肃的阅读命题。其实，在浩如烟海的书籍中，要筛选出真正的经典并非难事，时间是最公平的筛子，真正的经典必然经得起时间长河的淘洗。如果没有时间和能力从近年出版的新书中作出判断，就去选择那些已经被公认的经典书籍吧，至少可以减少一些盲目挑选所带来的风险。

有坡度的阅读。所谓坡度，其实是指难度；所谓有坡度的阅读，是指书目的选择必须对自己具有挑战性。真正有价值的阅读应该犹如爬坡，尤其是对大多数经典书籍而言，由于经典作品的丰富性、跨越性、创造性与可读性，也由于每一名教师知识背景的局限性，阅读时不费相当大的力气就不能到达顶峰，甚至费了相当大的力气也不一定能到达顶峰，可能我们终其一生阅读一本书，读懂的也只是其中的一小部分，但也只有这种有坡度的阅读才能对教师的成长真正有用。因为教师的阅读指向的是知识结构的完善，这种阅读不可能是一种享受，或者主要不是享受，更多的是一种提升、丰厚和转变，而不会像一般读者的阅读那样只是一种简单的乐趣而已。

关注学生的阅读热点。虽然我们强调阅读经典与阅读坡度，但对于教师而言，了解自己的学生在读些什么是一个必然的要求。知道学生在读些什么，就能比较容易地走进学生的心灵与生活世界，就能比较容易地与学生打成一片，从而较容易地对学生进行教育。其中的逻辑关系是显而易见的，这对教师的阅读提出了新的要求和挑战。

19世纪中叶的一个秋日，作为猎人的俄国作家屠格涅夫背着猎枪独自穿越茂密的丛林时，产生了一种奇妙的体验，似乎生命中最美好、最本真的记忆突然涌上了脑海。同样，作为阅读者的教师，当我们穿越那片阅读的丛林时，也必将唤醒那些属于我们的生命中最隐秘的情思，而不阅读的教师可能永远都无法领略。

阅读提供反思和提炼的能量

那些静静地立在书架上、床头上的书，始终以无言的方式陪伴着我。每当有些茫然和无所适从时，我选择更深地沉入到教育阅读和教育实践的反思与提炼之中。

常有教师朋友问我："您什么时候遭遇了教师生涯中的高原期？您是怎么突破这个高原期的呢？"我的回答是：我从来没有遇到过所谓的"高原期"。因为当我把阅读当成一种生活方式时，我似乎总能找到自己的"短板"，然后尽可能地去想办法弥补这个"短板"，而最有效的弥补方式，依然是阅读，是更深广、更全面的阅读。

其实，这样说并不意味着我在教师生涯中没有遇到过什么困惑，相反，我焦虑、迷惘的时候并不少。只是每逢这样的时刻，阅读总能指给我方向。那些静静地立在书架上、床头上的书，始终以无言的方式陪伴着我。它们记得一切。

阅读，寻觅教育的理想与信念

1991年7月，我从济南大学中文系毕业，成了一名小学语文教师。经历了一个新教师从梦想到现实的转换之后，我听到了梦想破碎的声音。在最消沉的时候，我读到了一本书，遇见了一个人。

那本书便是《给教师的建议》，作者是一位叫苏霍姆林斯基的教师。我第一次看到世界上竟有这样的教育、这样的教师，第一次发现教育是如何作为一种信仰融入一个人的生命的，第一次意识到做教师原本是一件美好的事情。就这样，我迷上了苏霍姆林斯基，迷上了他著作中所呈现出的童话般的教育图景。

阅读苏霍姆林斯基重要的收获首先在于他对我教育教学观的形成所构成的重要影响。在他浩繁的著作中，我们随处可以感受到那流淌在字里行间的悲悯情怀、心灵关切、对人性的尊重，以及永不言弃的理想与信念。阅读苏霍姆林斯基，是在与一颗伟大的心灵对话，我开始对自己所从事的教育工作感到自豪。因此，做一个像苏霍姆林斯基那样的教师成为我不变的理想和永远的信念。

不止是信念，阅读苏霍姆林斯基还帮助我从一开始就确立了良好的教育研究方式。他根植于实践的研究思路启发了我，我也开始写一些教育案例和教育随笔。在一线做教师的经历给我提供了取之不尽的写作和研究素材，我把自己在教育教学中的观察和思考一一记录下来，并结合苏霍姆林斯基的教育思想反思自己的实践，这使我最初的教育研究站在了一个比较高的起点上。这种阅读与教育教学实践相结合的研究方式，相辅相成，互为因果，构成了我专业发展的良性链条。

2002 年，我被评为特级教师。这一年，我 32 岁。作为一个只有 11 年教龄的青年教师，面对突如其来的"成功"，我有些不知所措。经历了初期的茫然与无所适从之后，我选择了更深地沉入教育阅读和教育实践的反思与提炼之中。那几年，从单行本《给教师的建议》一直到整套《苏霍姆林斯基选集》，我几乎读遍了国内出版的苏霍姆林斯基的著作。2004 年 3 月，《中国教育报·读书周刊》发表了我关于苏霍姆林斯基教育思想研究的系列文章，随后我的《跟苏霍姆林斯基学当老师》《跟苏霍姆林斯基学当班主任》两本书相继出版。阅读有了初步的成果，我也成为国内研究苏霍姆林斯基教育思想的学者之一。

阅读，助力专业成长

2004 年 4 月，我来到杭州，成为一名小学语文教研员。从一线教师转变为专业的教研人员，角色的转变需要一个适应期，加之江浙一带文化厚重、教师整体水平较高，教研氛围浓厚且活跃，我面临着巨大的挑战。

挑战远不止于此。我国中小学语文教学一直处于教育教学改革的风口浪尖，人文性与工具性的讨论轰轰烈烈，此起彼伏。面对不断涌现的新理念、新流派，作为一名语文教研人员，我也不可能置身事外。在这个过程中，美国课程论专家小威廉姆·E·多尔的《后现代课程观》和王荣生的《语文科课程论基础》给我的帮助最大。多尔在书中阐述了"四 R"课程观，他站在自然科学、人文学科发展的开阔背景下看待教育和构建课程的方式，丰富了我对教育教学的理解，甚至在某种程度上颠覆了我以往看待课堂教学的观点。而王荣生先生对语文教材极具创造性的分类，使我在具体的语文教学实践中学会如何确立恰切的教学目标，选择合适的教学内容。我不断地向一线教师推荐这两本书，与他们切磋如何打破当下语文教学中过于精致、相对封闭的小格局，构建开放大气、立足于提升学生素养的语文课程。

如果说多尔的《后现代课程观》从理念上颠覆了我对语文课程

的理解，那么王荣生的《语文科课程论基础》则强烈地激发了我对课堂教学实践的兴趣。在给一线教师说课、评课的同时，我也上了大量公开课。几年的教研员工作使我认识到，这种亲自示范是十分必要的，因为教研员不能只空谈"理念"，而要在谈"理念"的基础上提出具体可操作的改进建议，做一个既能站在高处又能落在实处的研究者与实践者，以自身鲜活而有力的探索与实践为一线教师提供"样本"，提供让他们研究揣摩的"案例"。于是，我总是不断地"下水"上课——上阅读课，也上作文课；在小型研讨会上上课，也在大型的教学观摩会上上课。我力求通过这样的实践使一线教师明白，作为教研员，我也在摸索、尝试、成长。2006 年，我执教的课例《冬阳·童年·骆驼队》在《人民教育》以大篇幅刊发之后，引发了国内中小学语文教学界关于"人文性与工具性"的讨论热潮，这个课例便是我这几年不断尝试、求索的结果。

阅读，完善知识结构

在求索的过程中，我越来越强烈地意识到自己在知识结构上的欠缺：要成为一名真正的优秀教师、教研人员，只读教育和语文教学方面的书是不行的。于是，我开始通过大量阅读去构建、完善自己的知识结构。教育理论、专业知识、人文视野，我无不涉猎。2008 年，《教育阅读的爱与怕》出版，此书就是我不断完善知识结构的见证与结晶。近年来，语文教育工作者普遍看到"文本解读"在语文教学中的重要作用，因此"文本解读""文本细读"成为语文教学研究的热词与关键词。凭借这些年的阅读积累，我开始集中进行这方面的研究。2012 年 4 月，耗时两年的《小学语文文本解读》

一书终于出版。捧着沉甸甸的上下两册新书，我深知若没有这些年的大量阅读，没有相对完善的知识结构，我绝对不敢涉足这样的研究领域。

目前，我的工作室有 12 个固定学员，他们都是意气风发的青年教师。作为他们的导师，我总是对他们说，不要奢望很快就能"成功"，更不要把"成功"寄托在上一节精彩的公开课、发表一篇教育教学论文上。要想在教育教学这条路上走得更远，就要通过长期的潜心阅读来不断完善自己的知识结构，丰厚自己的专业底蕴，所谓成功就会成为水到渠成的事情。因此，阅读成为我们工作室活动中一个很重要的研修板块。

优秀教师是读出来的

大概是在 2009 年 11 月，上海市静安区教育学院邀请我去做一场关于"教师职业人生规划"的讲座，主办方要求我尽量以现身说法的方式，谈谈这些年自己如何成为一个"优秀教师"的经验。虽然我不敢妄称"优秀"，但还是愿意跟教师朋友谈谈我个人的成长体会，因此我还是接受了这个任务，对自己 18 年的教师生涯作了比较全面的梳理与反思。18 年的时间虽然漫长，以时间为轴来看，这段历史可以拉得非常芜杂，但其实这条线索是非常简单的——当我系统回顾自己这些年所做的事情，所走过的路时，所有曾经的喜悦与失败，不外乎就是这样一个框架：

我的成长史就是完善知识结构的阅读史；我的成长史就是笔耕不辍的写作史；我的成长史就是课堂实践的磨炼史；我的成长史就是持续反思的研究史。

其实，这也不是"历史"，因为一切正在进行中。过去如此，现在如此，将来也会如此。这些年的成长历程让我坚信，只有在这四个维度所构成的框架中，一个优秀教师才可以真正地站立起来。其中，通过大量的高品位的阅读来不断完善自己的知识结构，是一个教师成长的最关键、最根本的要素。很难想象，一个不读书的教师，可以在课堂实践中拥有教学的智慧，可以在教育教学研究中迸发新鲜的灵感和思路。自然，不读书的教师，也根本谈不上有价值的、真正意义上的教育反思与教育写作。

令人欣慰的是，当前我们至少已经在理论上认识到读书对于教师成长的重要性。比如，我们经常会听到这样的话语：教师应该读书；教师应该首先是一个读书人；教师应该通过读书丰厚自己的底蕴；教师应该通过读书完善自己的知识结构；教师可以在阅读中获得教育教学智慧；教师可以在阅读中提升自己的教育教学水平⋯⋯

其实，这些我们早已耳熟能详的话语，道出的是同一个观点——优秀教师是读出来的。

确实，优秀教师是读出来的。虽然一个教师是否能成为一个优秀教师，涉及的因素很多，比如：一个教师所受的专业教育，所处的教育环境，所拥有的生活经历，所秉持的教育理念，所具有的职业天赋，等等。但我们都无法否认这样一个真理：如果一个教师不读书，他就不能在教育教学这条路上走得很远。换句话说，那就是：一个不读书的教师，不可能成为一个真正的优秀教师。

不读书的教师生涯，是一种无休止的重复和受难。要避免这种痛苦和虚空，只有让自己更坚决、更深入地沉入阅读之中。因此，这些年我一直在读着。外出讲学，与老师们谈得最多的是读书；给孩子们上课，总忘不了推荐好看的童书；与朋友们聊天，最感兴趣的话题也往往是读书。我一直认为，不读书便无以做教师，而做一个真正的优秀教师，知识的宽度将最终决定其所能达到的高度。很多时候，我的读书状态可以用《捧起第一次的茉莉——读泰戈尔〈新月集〉》一文中的一段文字来描绘："在无数个喧嚣的白天，在无数个宁静的夜晚；在雨天的晦暗里，在暮色的苍茫中；在偶尔小憩的旅途上，在音乐流淌的小屋里；在很多渴望温暖和快乐的时刻，在很多浸满忧伤和寂寞的日子⋯⋯一次又一次地捧读泰戈尔的诗集——《新月集》。"读书，就是生活，像呼吸一样不能没有的生活；读书，就是一种最自然的生命状态，是一种须臾不可缺的存在方式，也是一种高贵至美的人生境界。

冯友兰先生认为人生境界有四等，其中"天地境界"是一种最高境界。也许我们中的绝大多数毕生都无法达到这一境界，但我们应该努力使自己朝着这个境界走去。处在这个境界中的教师，他的所思所想、所作所为，都不仅仅是为了社会，而且是为了整个宇宙的好处。这样的教师，他懂得自己所做的事情的意义，并且是出于自觉去做。这样的教师，具有一种悲天悯人的情怀，宇宙万物都镌刻着他的忧思，掺入了他的喜怒哀乐。他是超然的，又是融入的；他是现世的，又是出世的。而他所从事的教育工作，则成为他表达自己宇宙情怀的一种方式。或者说，教育成了他的一种生活方式。当一个教师把教育作为一种生活方式时，他就完全超越了世俗的功利，超越了自身的道德伦理价值，从而达到了一种与天地合一的境界。而在这个追求的过程中，读书可以帮助我们逐渐地超越自身，在精神上逐渐地从日常生活中突围出来，从而不断地走向开阔和无限。

怀着这种深深的迷恋与渴望，这些年我花了很多时间重读经典。真正的经典是不会过时的，不论是哪个学科、哪个学段的教师都不能拒绝经典。当然，哪些书目是真正的经典，尚不能完全达成共识，有的书已经经过了历史与实践的检验，有的书尚处于这个时间的流中，也许沉没，也许正在流向我们未知的远方。但不管怎样，每一个热爱读书的教师，都将有自己的判断，也都有权利和责任发出自己的声音。当前，我国民众阅读量少已经是众所周知的事，家庭无藏书的现象屡见不鲜，一年都读不了一本书的也大有人在。在当下有意义的阅读极其匮乏的情况下，娱乐刊物、影视节目大行其道就不难理解了。这些完全为迎合大众口味而被迅速炮制的东西，粗制滥造、情趣低俗是其主要特征。作为一个阅读者，我极其关注国内最新的出版信息。看到那些流行一时的畅销书，我也总会买来翻一翻，我很想知道这些在几天之内就可以出版的书籍究竟为什么使人们趋之若鹜。遗憾的是，这样的阅读没有给我带来丝毫的快乐，更没有使我感到丝毫的幸福，当我每次硬着头皮读完，总会想起大哲学家叔本华的一句话："凡是为愚蠢者写作的都是会大受欢迎的。"这句话似乎过于偏激，但却说明了一个道理：警惕畅销书，阅读应该有足够的判断能力，阅读就要读经典作品。

十几年了，在那些经典的文字里沉下去，反思中国教育，反思自身教学，反思自身生活，并试图从这些依然鲜活的文字里寻求更多的价值意义。我逐步学会了用一种宏观的综合的眼光看待当下的教育现实，思索教育的本质，寻求教育发展与存在的多种可能性。我更看重的是，我与这些高尚的灵魂相遇，我感受到了凡高所说的那些无限的、深刻的、真实的东西，我从来没有像现在这样热爱生活，热爱这个世界，甚至在最痛苦迷惘的时候，我都一直在想，人类中最优秀的人与我同在。虽然这些年我一直从事语文教学研究，但我在语文教学上花费的时间和精力可能还占不到三分之一。我大量的时间和精力都花在了阅读上，花在了通过广博的阅读来完善自己的知识结构上。总有一种力量在吸引着我，总有一种声音在召唤着我，那就是阅读，是只有阅读才能给我带来的那个无限丰富、迷人的精神世界。

如果说阅读教育理论著作是一种对思维和知识背景的挑战，那么，阅读人文领域的书则常常会有一种内心被击中的感触和温暖。在细读哲学大师冯友兰先生的《中国哲学简史》的过程中，那种思考的快乐和豁然开朗的感觉令我深深着迷。冯友兰先生在谈到明代哲学家王守仁关于"良知"的认识时，曾举了一个例子：王守仁的弟子有一次半夜里捉到一个小偷，便对小偷讲"良知"的道理。那小偷笑着问道："请问，我的良知在哪里？"当时天气很热，王守仁的弟子请小偷脱掉外衣，随后又请他脱掉内衣，小偷都照办了。但脱到最后一件时，小偷犹豫地说："这恐怕不妥吧。"王守仁的弟子对小偷说："这便是你的良知！"每个人都有自己的良知，这良知便是人的本心，是人内心深处的亮光。我们由此推论下去，作为教师，面对我们的教育对象，是否可以认为，每一个学生的内心深处也都有那一抹亮光，即都有自己的良知？也许我们在现实中遇到了各色各样令人挠头的孩子，但只要我们坚信每个人心中都有良知的存在，也许可以给我们带来力量和希望。而对教师而言，在任何情况下都不言放弃，保持自己内心的亮光，也正是我们作为教师的良知所在。正是这样的阅读，让我可以清晰地看到这一抹亮光，并学会珍惜和保持这一抹亮光。

就这样一直读着，写着，思考着。2002年，我被评为特级教师。这一年，我刚满32岁。2006年年底，我又被《中国教育报·读书周刊》评为"推动读书十大人物"之一。编辑部的朋友让我写下自己的"获奖感言"，其实，我又何尝有什么"感言"呢？我只不过是像呼吸一样自然地阅读，在读书中抵抗虚无，不愿让自己在虚无中教书罢了。这些年，不断地有教师朋友问我关于读书的话题，其中问得最多的是：读书的时间从哪里来？外出讲学，也屡屡被人问及所谓成功的经验。的确，这些年长期大量高品位的阅读占据了我大部分的业余时间。我总是给提问者讲这样一个故事：英国小说家斯蒂文森患病之后，自知将不久于人世，可是他却说："要是写不完一本书，至少可以开始写第一页。"我想，读书亦如此，要是读不完一本书，至少可以开始读第一页。对我来说，读书就是一种生活方式，一种行走的姿态。当读书成为一种生活方式，成为一种行走的姿态时，我们就能够找到读书的时间，我们生活的源泉与行走的力量就不会枯竭。因此，在我看来，时时都是阅读的时间，处处都是阅读的地点。在我的心里，读书的最高境界应该是：读书，像呼吸一样自然。在这种像呼吸一样须臾不可缺的阅读状态中，我们就获得了幸福。

意识到自己作为一个人活在这个世界上，就不能拒绝阅读。因为人不能不思考，人活着不能仅仅表现为新陈代谢。那么，作为一名教师，不但自己应该把阅读当成一种生活方式，当成一种像呼吸一样自然的生命状态，我们更有责任使我们的学生走上这条可以寻觅到人生幸福的道路。就如苏联教育家苏霍姆林斯基那样，不但他自己是一个读书人，他所领导的帕夫雷什中学的所有教师也都是读书人，而这个由读书人组成的教师集体共同把孩子们带入了阅读这个阔大、迷人的世界。这两年，我潜心研究苏霍姆林斯基的教育思想，不止一次地发现，在谈到帮助孩子阅读各种书籍，尤其是那些经典的文学作品时，苏霍姆林斯基总是不吝笔墨，那些童话般的师生共读的场景令我百读不厌。

也常听有的老师抱怨自己所处的环境差，压力大，条件有限，这使我想起苏霍姆林斯基的一句话：

> 学校应当成为书籍的王国。可能你是在很边远偏僻的地方工作的，可能你那个村庄和文化中心要相距数千公里，学校里也许会有许多欠缺，——但是如果你那里有一个书籍的王国，你就有可能把工作提高到这样的教育学素养的水平，并且取得

这样的成果，使之不次于在文化中心地区的工作。

那么，无论我们所处的是一个多么不能尽如人意的教育环境，无论我们所面对的是一个怎样令人焦虑的教育现实，我们都应该首先使作为教师的自己丰富起来，温润起来，强大起来。因为，只有我们丰富了，温润了，强大了，才有可能帮助我们的孩子也丰富起来，温润起来，强大起来。而要做到这一点，阅读将会是一种最持久、最有力量、也最根本的办法。

我不敢自称"优秀教师"，但我就是这样做的。您可以不相信我，但请相信岁月，相信种子，相信——

优秀教师是读出来的。

是阅读，还是阅读

2013 年 8 月的一个黄昏，杭州的暑热还相当逼人，我来到位于区教研室三楼的办公室内，将电脑里的文件一一拷贝下来。文档太多，拷贝花费的时间比预想的要长。它们将从这台电脑被搬运到另一台电脑。此刻，这"另一台电脑"正在建新小学的校长室内静静地等待着。那里是我新的工作岗位——在做了近十年的语文教研员之后，我离开了教研室，来到学校做校长了。

为什么要做校长？这是许多朋友心中的疑问。其实，对我来说，作出这样的选择是非常自然的，苏霍姆林斯基不也从教育局局长的位置上退下来，来到帕夫雷什中学做校长了吗？真正的教育家应该生长在学校。这些年我研究苏霍姆林斯基的教育思想，写作《跟苏霍姆林斯基学当老师》《跟苏霍姆林斯基学当班主任》这两本书，其实在我的心中早已种下了一个梦想——我要回到学校，回到教育的现场，我必须像苏霍姆林斯基那样，在最真实的教育现场中，让梦想的阳光照进现实。

感谢阅读，它不仅给了我选择的勇气，也给了我选择的可能。

阅读，让我把自己托起来

2002 年 8 月，山东滨海小城日照。凉爽的海风吹走了炎夏的燥热，来自山东省各地市的优秀教师汇聚在此，参评省特级教师称号。经历了面试、答辩等多轮筛选后，我成为当时省内最年轻的特级教师。这一年，我32岁，只有11年教龄。

自然，在不少狐疑的眼光中，我必须回答一个问题："为什么是闫学？"

> 从第一次公开课开始20分钟后就没东西可讲、腿肚子直哆嗦的悲惨失败，到以扎实的教学实力无可争议地成为济南市教学能手，她用了7年。
>
> 4年后，山东省各路中小学教学高手一路拼杀，齐集日照。闫学跻身其中，并凭藉对《童年的发现》一文的说课和精彩答辩，成为山东省有史以来最年轻的特级教师。这一年，她32岁。

这两段话出自2004年《中国教师报》对我的专访。有趣的是，这篇专访的标题就是"为什么是闫学"。

其实，在我看来，所谓"扎实的教学实力"，所谓"无可争议""精彩答辩"，除了让我脸红之外，都只不过是停留在文字上的一种说法而已。我更想说的是，从走上教师岗位到成为教学能手的七年之间，从教学能手成为特级教师的32岁以前，我所走过的是一条怎样的道路，以及在那些十字路口上的我的踟蹰，我的抉择……

1991年，我大学毕业，阴差阳错，我来到一所小学，成了一名小学语文教师。差不多有两年时间，我是在苦闷与彷徨中度过的。做小学老师不是我的理想，繁杂琐碎的工作让我感到窒息。我开始想办法离开学校，哪怕我不能离开教师这个工作岗位，我也必须像我的大多数大学同学那样到中学去，做一个中学教师（那时我觉得中学教师似乎比小学教师要"体面"得多）。但事与愿违，在"挣扎"了两年之后，我受制于现实的局限，在跳槽、调动均告无望的情况下，我开始"认命"了。也就是在这个时候，很幸运地，我读到了一本书，遇见了一个人。这本书就是《给教师的建议》，这个人就是这本书的作者——苏霍姆林斯基。

那是我教师生涯中一次最重要的遇见，也是最美好的遇见。从苏霍姆林斯基身上，我看到了教育是如何作为一种信仰融入一个人的生命的。阅读苏霍姆林斯基是无数次心灵的洗礼，在他的著作中，我感受到那流淌在字里行间的悲悯的情怀、心灵的关切、对人性的尊重，以及永不言弃的理想与信念。这些蕴含在无数个鲜活而细腻的案例中，使我看到一个人之所以成为人的尊严，感受到作为一个教师的悲欢与忧乐。我感到自己在与一颗伟大的心灵对话，他让我开始对自己所从事的教育工作感到自豪：在这个世界上，这项工作固然充满了艰难和历险，但它是值得做的，因为当你把整个心灵献给孩子，你就一定能够找到每个人心底蕴藏着的宝藏，也一定能够想到办法去挖掘这些宝藏。而在寻找、挖掘这些宝藏的同时，我们不但会心存希望，而且会找到做教师的价值与意义所在。

就这样，我走过了教师生涯的第一个十字路口。

也就是从那时候起，我开始学着苏霍姆林斯基那样写教育案例。那时，我尚不知我写的是"教育案例"，我只知道自己写了一些与教育教学有关的小故事。我甚至不知道写这些教育故事的价值，也不知道这些教育故事对我今后的教师生涯有什么意义。但我知道苏霍姆林斯基就是这样开展教育教学研究的，所以，这种我当时并不完全知晓其价值与意义的教育写作竟坚持了下去，直到它们开始在全国各级教育教学报刊上陆续发表。而这些文字，也成了我的第一本书《牵到河边的马》的基本组成部分。也正是这些文字，成为我后来一个个教科研成果的重要研究基础，成为我评选特级教师的重要"业绩"证明材料。

许多年之后，我终于知晓了其中的价值与意义：正是苏霍姆林斯基始终根植于教育教学实践的研究思路启发了我，使我在教师生涯的起始阶段就走上了一条脚踏实地的教育教学研究之路。他让我紧贴着地面行走，同时又让我从一开始就站到了一个比较高的起点之上。从这个意义上来说，我是幸运的。

阅读苏霍姆林斯基的价值还不止于此。

还记得第一次在《中国教育报》上发表文章，那是2004年3月，我读苏霍姆林斯基写下的随笔《在孩子的大脑里装进"激动"的词汇》一文发表。对我来说，这是一种激励，也帮助我找到了一条属于自己的成长之路：我将阅读与写作紧密地结合起来，开始写作大量的读书随笔。后来，我从苏霍姆林斯基读到杜威，读到夸美纽斯，读到洛克与蒙台梭利，也读陶行知与陈鹤琴……我把自己的阅读发现与感受一一记录下来，并审视、反思自己的教育教学实践。在这个过程中，我写的大量的读书随笔发表了，还在《中国教师报》开办了个人专栏，其中有不少文章就是这个时期写的读书随笔。我听到了生命拔节的声音，那是我自己成长的声音。而这股拔节的力量，归根结底根植于阅读，根植于将阅读与写作、阅读与教育教学实践紧密缠绕的广袤土壤。

所以，"为什么是闫学"？答案也许很长，但也很短：无非是阅读，是始终把阅读作为一个成长的关键词、核心词而已。

阅读，让我发现最好的自己

2004 年 4 月，我来到了杭州，成为一名小学语文教研员，走上了专职的教研之路。

如何做一个最好的教研员？我的选择是：在帮助一线教师成长的同时壮大自己、丰富自己。因为只有一个壮大的、丰富的自己，才能帮助一线教师壮大起来，丰富起来。

我再一次选择了阅读。

我认为真正的优秀教师是读出来的。有人说：难道优秀教师不是上课上出来的，不是做教科研做出来的吗？其实，我之所以提出这个观点并不是否认课堂教学的重要性，而是强调阅读对一个教师成长的重要作用。以我个人来说，我虽然不敢妄称优秀，但从阅读中广受裨益却是毋庸置疑的。甚至可以说，没有阅读就没有今天的我——仔细想想，哪一个让我引以为自豪的成绩不是来源于阅读，来源于阅读对我的启示和帮助呢？

所以，我要把这个观点大声地说出来。

2011 年，我以"优秀教师是读出来的"为题在《教育时报》发表头版文章，在这篇文章里，我根据自己的成长经历详细阐发了这一观点。文章一经刊发，便引发了广大教育工作者的强烈共鸣。其实，这些年凡是外出讲学，我与一线老师交流最多的话题并不是语文教育，而是教育阅读。

我的教育阅读指向于完善自己的知识结构，因为只有完善的知识结构才能真正帮助教师在教育这条路上走得比较远。由于我的专业背景是汉语言文学，因此，夯实自己的教育理论功底与开阔自己的人文视野成为我阅读的主要方向。这一点在我 2008 年出版的《教育阅读的爱与怕》一书中得到了具体的体现。这是一本有关教育阅读的书，也是一本揭示教师的成长秘密的书。我试图通过自己的阅读体验与教师朋友一起探讨教育阅读的基本版图、路径与方法，以及如何通过阅读完善教师的知识结构，这种完善的知识结构又是如何对一个教师的成长起到了决定性的作用，正如全国著名教育媒体策划人李玉龙老师给这本书的评语：

> 知识就是力量，结构化的知识更有力量。外在的知识如何通过阅读融入我们的血脉和骨髓，而不是作为附着物、装饰品而存在？零散的、割据状的知识如何系统性地集成一个生生不息、面向教育实践开放的结构？这本书给我们呈示了一条可资借鉴的路径。

其实，写作这本书的过程就是阅读的过程，也是对这些年我不断通过阅读完善自己知识结构的记录与见证。我把自己的阅读心路完整地勾画出来，也把自己在阅读中的生命体验毫无保留地呈现出来。我想告诉教师朋友，任何成长都不简单，任何改变都有根源。而这，也是我在写作这本书的过程中领悟出来的。

在 2008 年到 2010 年间，我又陆续出版了《跟苏霍姆林斯基学当老师》和《跟苏霍姆林斯基学当班主任》两本书。这两本书主题集中，但同时又涉猎比较广泛，应该说是我多年研读苏霍姆林斯基和其他教育经典、人文社科经典的结晶。我不断地读着，写着，在阅读中思考，在写作中提炼。阅读与写作就这样成为我教师生涯的重要组成部分，成为我为自己开辟出来的一条专业成长之路。

有人曾经问我：阅读这些似乎与语文教学无多大关联的书，写作这些与语文教学无多大关联的文字，对你做语文学科教研员有什么用处吗？

对此，我的回答是：不阅读，我就无法做学科教学研究。

我的《小学语文文本解读》一书即是例证。那是 2010 年春天，我所在的杭州拱墅区教育局教研室与《教师月刊》共同举办了全国首届小学语文教师成长论坛。在论坛的现场互动阶段，与会教师针对语文教学中反映出的文本解读问题进行了激烈的辩论：语文教师该如何解读文本？文本究竟应该解读到什么程度？文本解读的成果又如何到达课堂教学？这些问题都是当下中小学语文教师最关注，也最感困惑的问题。身在现场、刚刚执教完公开课的我，全程聆听了这些辩论，意识到了这些问题的重要性与迫切性。我决定暂时放下其他的研究和写作计划，专门研究文本解读。但当我真正开始研究之后才发现，"文本解读"这个命题是一个相当复杂的研究领域。由于比较系统的文本解读理论大多数来源于西方，其观点各异，又彼此交织，要真正梳理清楚并非易事。况且，困难还不止于此。由于语文教材文本涉及面广，对教师的知识结构提出了比较高的要求。在这种情况下，我开始着手研究小学语文文本解读问题。在历时两年的研究与写作中，我无数次地在心中感叹：如果没有多年来的阅读积累，没有多年来坚持不懈地通过广博的阅读不断完善自己的知识结构，我绝对不敢涉足这样的研究领域，也绝对无法完成这样的研究命题。

其实，阅读不光是有助于学科教学理论层面的研究，对课程教学实践也有重要的指导意义。多年前，我第一次读到小威廉姆·E·多尔的《后现代课程观》时惊呆了，不是因为它对当时的我来说极具阅读坡度，而是因为在这之前，我从来不知道丰富的、严密的、不确定的课程是怎么回事，也从来不曾站在一个宏观的、综合的视野去看待语文课程。直到读完了这本《后现代课程观》之后，我果断摒弃了当时国内小学语文教学界盛行的以"感动"学生为主要教学目标的煽情、浮夸之风，转而探讨如何构建真正对提升学生素养有益的语文课程，也指导老师们一起来做这项工作。我们从不纠缠于某一节公开课，也不会为了某一次教学评比去花费过多的精力和时间，我们的精力和时间都花在了阅读与语文课程开发上。而事实证明，我们的做法是正确的。我可以非常自豪地说，在这些年始终处于摇摆状态的国内中小学语文教学界中，我和我的团队在语文教学研究中少走了不少弯路。

2011年秋天，以我名字命名的特级教师工作室正式成立。从学员们加入工作室的第一天起，我便要求他们把阅读当成一种最重要的研修方式，阅读应该贯穿研修的始终。因此，我们提出了"阅读，一种本源性研修"这一观点。所谓本源性研修，强调的是阅读是教师研修的根本与核心，也只有阅读能够真正从源头上帮助教师突破专业发展的瓶颈。

在工作室不间断的阅读研修中，我的徒弟们也都逐渐理解并认可了这一观点，因为他们不仅从我这个导师身上看到了阅读的重要作用，也真正从自身的成长中切实体会到了阅读的力量。在阅读中，他们学会了文本解读，提升了研究能力，改进了教学策略，丰富了知识底色……对这些年轻人来说，应对外面世界的诱惑本身就是很大的挑战，但更大的挑战还是那些书，那些颇具阅读坡度的书。我要求他们读就要读这些有坡度的书、经典的书，因为只有这样的阅读才真正对他们的成长有利。自然，读这样的书不像读时尚杂志那般轻松愉快，对此，他们也痛苦过，焦虑过，犹疑过，但是没有放弃过。后来，他们慢慢感觉到了自己的变化，不少学员开发了属于自己的语文课程，同时大量的读书随笔发表了，《中国教育报·读书周刊》还推出过关于我工作室学员的阅读研修专题，《小学语文教学》人物版还专门出版了我工作室学员研修专刊，光是2013年我们就两次登上教育教学杂志封面。阅读，就这样成为我们共同的研修方式，成为我们最重要的研修板块之一。

阅读，让梦想照进现实

现在，我离开了教研室，来到学校做校长了。

从教研员到校长，是两个完全不同的工作领域，其中的挑战不言而喻。我必须面对自己，回答这些年来一直萦绕在我心底的一个问题：这些年的教育教学研究，这些年的教育阅读与思考，它们在实践层面上有多大力量？我的这些思考和研究，无论是立足于教育层面还是学科教学层面，究竟在多大程度上能够与当下教育教学的现实链接起来，真正对教育教学产生影响？

我必须去看个究竟。

我是多么感激我所在的区教育局领导理解并尊重了我的梦想，他们就这样充满信任地把一所学校完全交到了我的手中。

来到建新小学不久，我和老师们商量，成立了教师读书会，全体教师都是读书会的成员，并提出了读书会的阅读计划。我觉得这个工作刻不容缓。我希望通过这样的组织，使学校教师的阅读成为一种常规，成为一种与备课、上课一样必须做好的工作，成为每一个教师的生活方式。一所学校是不是好学校，归根结底取决于教师队伍。而教师队伍如何，又与教师是否读书有密切关联。我相信，一支爱读书的教师队伍做任何一项教育教学工作都不会差到哪里去。我们给教师读书会取名叫"渐渐"，这是张文质老师来学校讲学时帮我想的。为什么叫"渐渐"？首先是因为教育是慢的艺术，师生的成长是"渐渐"发生的；其次，阅读对教师成长起到的作用不是立竿见影、显而易见的，它是一个长期的、"渐渐"显现的过程。我希望老师们驱除浮躁，静心阅读，静心做教学研究，在帮助学生"渐渐"成长的过程中，也感受自己的"渐渐"成长。在"渐渐"教师读书会成立仪式上，我给每一位老师分发了新书，有帕尔默、钱理群的书，也有我自己写的书。我相信，只要先读起来，我们就走上了一条"渐渐"成长之路。

不光是教师要读书，我们的孩子更应该读书。一直记得苏霍姆林斯基的话，他的话是那样鼓舞着我，我决心把学校打造成一个书籍的王国。于是，我争取上级部门的支持，改造、扩建学校图书馆、阅览室，并且要让每一个教室成为随时随地都能读书的阅览室。能够让孩子们随时随地读到自己想读的书，这是我心里对学校的一个基本理解。

我一直认为，衡量一所学校是不是好学校，一个很重要的指标就是看看这所学校有没有一个像样的图书馆和阅览室。否则，再漂亮的大楼，再现代化的设备，如果孩子们在这里不能随时随地找到喜欢的书读，那么，这所学校就忽略了最重要的东西。因此，我和老师们、家长们一起着手改造、扩建学校图书馆、阅览室，并且让每一个教室都成为独具班级特色的小型图书馆和阅览室，每一条走廊都有开放式小书柜，上面摆满了学生爱读的书。各班都有图书管理员，在老师的指导下定期更换新书。让孩子们随时随地都能读到自己喜爱的书，让最好的书与孩子的童年相遇，通过开设阅读与写作课程，让孩子们爱上阅读，爱上写作，是学校打造书籍王国的主旨。

在此基础上，我们进一步思考，如何让图书馆成为对孩子最有吸引力的地方，如何让读书成为孩子生命中最快乐的事。"我经常把天堂想象成一座图书馆。"路易斯·博尔赫斯的这句话，成为一种力量，激起了我的雄心：一定要打造最美的校园图书馆。我们认为，如果学校图书馆、阅览室成为一个让孩子最喜欢待的地方，一个让孩子来了就不想走的地方，学校也就成了孩子真正的乐园，那么，上学将变成一件开心的事，一件值得盼望的事，教育教学中遇到的许多困难都将迎刃而解。

正是秉承着这样的理念，学校除了建设一般意义上的儿童图书馆、阅览室，还于 2014 年精心打造了爱丽丝绘本主题图书馆。这是当下国内为数不多的校园绘本馆。自开馆以来，来自全国各地的参观者络绎不绝，其中有校长、老师，也有家长和小朋友，媒体也纷纷报道我们的绘本阅读与绘本创作课程。绘本馆馆名来源于经典儿童文学作品《爱丽丝梦游仙境》，它是世界童话长廊中最具影响力的童话故事之一。我们认为，阅读是一次次迷人的历险，阅读一本好书就好比进入一个美妙的仙境，因此赋予绘本馆这个具有神奇色彩的馆名。

爱丽丝绘本馆目前收有五千余种六千余册优秀绘本，包括不同国家、不同版本、不同内容、不同主题、不同风格的作品，全部开架陈列，供孩子们自由选读。并且，这一数字还在不断增长中。爱丽丝绘本馆的建设是和建新小学"新小孩"儿童读写核心课程的建设同步开展的。"新小孩"儿童读写核心课程下属三个子课程："爱丽丝"儿童阅读课程、"卡梅拉"儿童写作课程和"彼得潘"儿童戏剧课程。这一儿童读写核心课程的建设宗旨，在于用阅读激活儿童的内在生命动力，释放儿童追求自由、向善向美的天性，接受经典的熏陶，实现个性的发展，从而为他们奠定亮丽的人生底色。

在这样的课程主旨下，爱丽丝绘本馆具有阅读、讨论、展示和创作等多种功能，其设计采用了"森林"主题，打造自然、浪漫、温馨、富有童趣的阅读与创作环境。绘本馆门口外墙面采用人工 3D 立体绘画，取材于《爱丽丝梦游仙境》中的相关场景，色彩与构图都极富情趣与创意，同时具有较强的互动性，成为每一个路过的孩子都要在此开心停留的地方。走进馆内，繁茂的藤蔓爬满天花板，在灯光下闪烁出鲜亮的绿意；纯色的原木书架，采用圆形、长方体、正方体、字母等图案巧妙搭建而成，营造出大小不一、层次错落、活泼有致的效果；六千余册绘本罗列在书架上，颇为壮观；最受孩子们喜爱的是坐落在馆内的三个鸟屋，坐在鸟屋里阅读图画书，是他们觉得最惬意、最开心的事；馆内专门开辟了绘本创作的展示区，用来展示孩子们自己创作的精彩绘本。我们鼓励孩子们不仅可以随意地阅读绘本，还可以创作绘本，将自己的故事、想象、创造通过绘本创作表达出来……另外，还有散落在馆内各个角落的可爱的动物布偶、动物台灯、动物坐垫，再加上各色花草与绿色植物，都倾注了我们的热情和一些有趣的想法，伴随着流淌在馆内各个角落里的若有若无的轻音乐，整个绘本馆充满了浪漫、温馨与童趣。

如果说绘本馆的硬件环境达到了一流的程度，那么还有更重要的一点是如何使用绘本馆。为了将绘本馆的利用率扩展到最大限度，让更多的孩子和家长、教师能够深受裨益，使这些美好的书不至于束之高阁，我们采取了以下几个措施。

第一，实行绘本馆定时入馆制度。在一至四年级开设绘本阅读课，每个班级每周至少有一节课可以进入绘本馆，在老师的指导下，开展绘本阅读、交流和创编活动。

第二，实行绘本馆使用预约制度。未开设绘本阅读课的班级，或者已经开设阅读课、但希望在其他时间段再次进入绘本馆学习的班级，可通过网上预约的方式，确定入馆时间，开展阅读活动。

第三，实行绘本馆向家庭开放制度。本校学生的家庭，如果有希望在放学后进入绘本馆开展亲子共读的，在遵守绘本馆使用制度的前提下，可以通过向学校方面递交申请的方式，在约定的时间进入绘本馆阅读。

第四，积极投入到公益阅读活动中。学校进一步完善绘本馆硬件及使用制度建设，向社区开放，并且与媒体合作，不定期地开展公益阅读活动，让这一优质阅读资源惠及更多的人。

爱丽丝绘本馆的建成，在学校"将学校打造为书籍王国"的进程中具有里程碑式的意义。她为每个孩子营造了一个图文共筑的梦幻世界，在这里，他们阅读、探秘知识的丛林、畅游智慧的星空；在这里，他们创作、涂抹童年的色彩、讲述成长的故事。爱丽丝绘本馆，一个收藏童年的地方，一个启迪智慧的地方，一个放飞梦想的地方，一个孩子们来了就不想走的地方。

我想，博尔赫斯所说的"把天堂想象成一座图书馆"，也就是这样了。

阅读，将时光擦亮

有时候会想，从阅读中所获得的幸福，若要具体说来，究竟意味着什么呢?

当我思考这个问题的时候,我忽然发现,对我来说,生命中的每一个季节都是一本书,每一本书都是生命中最美好、最深刻的参与和融入。

那一年冬天,在许多个冷冽的夜晚,我喜欢读明人张岱的《夜航船》,那个僧人与书生的故事激励着我。僧人和书生同宿夜航船,书生高谈阔论,僧人畏慑,睡觉时都不敢把身体舒展开来,只蜷缩而卧。后来,僧人渐渐听出了书生言谈中的破绽,就问书生:请问相公,澹台灭明是一个人、两个人?书生说:是两个人。僧人又问:那尧舜是一个人、两个人?书生说:自然是一个人。僧人就笑了,说道:这等说起来,且待小僧伸伸脚。

为何如此喜爱这个故事?这与当时我的写作有关。这年冬天,我正在写作《小学语文文本解读》一书,写作进行得不太顺利,案头工作量之大远远超出了我的想象,有些资料必须一一地进行核实,甚至要寻找不同版本、不同源头进行认真比较,最后才能做出决定。我总怕自己像那夜航船里高谈阔论的书生,会贻笑大方,所以,在写作这本书的日子里,我常常会想起这个故事。在紧张写作之后的每一个夜晚,随意翻读《夜航船》中的那些极具趣味的文字,就成了一种激励,一种警示,也成了一种最惬意的放松与奖赏。

还有一年的岁末,我遭受了人生中最沉重的一次打击——父亲猝然离开了我们。我第一次看见了死亡的真面目,那么残酷,那么令人绝望。我的心出现了一个巨大的黑洞,填满了深不见底的悲伤。我开始记不起前来探望我的好友的名字,我在公交站里呆坐着,却忘记了自己要去什么地方……这时候,一本书帮助了我,那是纪伯伦的《先知·沙与沫》。

什么是死，不就是在风中裸立，消融于日光？

只有当你从静河中饮水，你才真正地歌唱。

当你到达顶峰，你才开始攀登。

当大地认领你的四肢，你才真正地舞蹈。

反复地默念着这些话语，我仿佛感受到一双温热的大手的抚慰，仿佛望见了那隐在苍穹之上的慈爱的目光，我便从沉重的窒息中得到了片刻的解放。

在许多不经意的时光，不经意的地方，也许是因为一片落叶，一阵轻风，一种味道，抑或是一个背影，脑海中会忽然想到以往读过的某一本书，想到那些曾经的过往。

每年冬天，当白雪覆盖了北方的山峦、村野，我会想起川端康成的《雪国》，想起那些舒缓的、素朴的文字，那些生活在雪国里的女子，还有那些痴迷于这些文字的大学岁月。

秋天的早晨，空旷的田野中屹立着一株孤独的树，树枝上凝满了白霜，我会想起十五岁那年读过的山口百惠的自传《苍茫的时刻》，从那时候起，那"苍茫的时刻"也留在了我的记忆中，那是第一次心灵之弦的颤动。

当有人谈论爱情，我会想到《廊桥遗梦》，想到自己读完原著又看电影的情景。最爱的场景是罗伯特与弗兰西斯卡初次见面，罗伯特在桥边采了一束野菊花送给弗兰西斯卡，临别时弗兰西斯卡跳下卡车，转身对罗伯特说："要喝冰茶吗？"于是，一段刻骨铭心的爱情悄然开始，而那一句"要喝冰茶吗"是多么美好啊！

在我的字典里，有些词汇总与一些书有关：

失眠——与马尔克斯的《霍乱时期的爱情》有关，也与高尔泰的《寻找家园》有关；

怅惘——与村上春树的《1Q84》有关，也与渡边淳一的《失乐园》有关；

……

很难想象，假如没有阅读，我的生活将会多么枯涩，多么不值得过，我该如何填补那些细碎的时光，我又拿什么擦亮那些黯淡的日子，又如何能够感受那些心灵深处连自己也不易觉察的悸动。

所以，当我接到调令离开教研室时，当我在那个闷热的下午拷贝好教研室电脑里所有的文件，关上电脑的那一刻，我再一次感受到那一丝悸动，于是，噙在眼里的那滴泪，终于流了下来。

读书这件事

为什么读书

谈起读书这件事，也许我们必须首先回答的问题是：我为什么读书？读书对我的教师生涯，乃至对我的人生究竟有何意义？

1967 年，95 岁高龄的大哲学家罗素在自传中写道："对爱情的渴望，对知识的寻求，对人类苦难不可遏制的同情，是支配我一生的单纯而强烈的三种感情。"正是这三种"单纯而强烈的感情"支配了哲学家的一生，也让我们看到了生活的真义和源泉。在我看来，对知识的寻求固然有许多途径，但读书一定是其中最重要的一环，这是毋庸置疑的。那么，我们是否可以说，读书将使我们的人生超越一般意义上的价值追寻，能够从庸庸碌碌的日常生活中突围，而不仅仅是"活着"？

每个人都生活在两个世界，一个是现实界，一个是理想界。如果说现实界是有限的，那么理想界就是无限的。我们的"有限"不仅在于生命的长短，不仅在于生活区域的固定和不能顺意，还在于我们的思想常常无法超越自身，超越时空。但是我们依然可以寻求"无限"，寻求我们心中的理想界。那么，读书无疑是这种寻求的重要方式，由读书而引发的思考和获得的快乐将帮助我们逐渐走向"无限"。在读书中，我们经历了不一样的人生，见识了不同的世界，从而对现实与自身的生命有了更多的理解和感悟。我们读小说，悲喜着人物的悲喜，见证着人世的沧桑；我们读散文，感悟着生活的真谛，品味着生命的隽永；我们读诗歌，吟哦着瞬间的永恒，超越了庸常的人生……我们的人生因此而丰富，我们的世界因此而阔大。这就为我们过一种幸福而完整的生活（而不仅仅是教育生活）提供了必备的前提和基础。我一直不太赞成"过一种幸福而完整的教育生活"这样的说法，因为我觉得教师的生活不能仅仅只有教育，教育可以是一种生活方式，但不是生活的全部。如果教育成了生活的全部，我们对教育的理解和认识都会受到很大的局限，从而使我们的教育实践走向偏狭与单调。

读书是教师专业发展的必由之路。优秀教师和一般教师之间的区别就在于文化底蕴，换言之，就在于是否读书，读些什么书，读的方法怎样，读的效果如何。如果说技术和思想是优秀教师不可或缺的两个方面，那么，"有思想的技术"和"有技术的思想"当成为我们努力的方向。但有一点必须清楚，技术可以操练，思想则必须修炼。"操练"意味着机械和次数，"修炼"则意味着沉入和思考。"腹有诗书气自华"，读书就是我们最好的修炼方式。

对现实界和理想界的共同关照，我以为便是读书对于人生的意义。而这，绝不仅仅是对教师而言。

读什么书

现在常听有人提倡读书的"非功利性"，也曾见有知名作家表白"愉快是阅读的基本标准"，其实，这样的说法对教师而言是非常片面的。我曾经多次撰文并呼吁教师读书要注意完善自己的知识结构。真正的优秀教师必须具备三个板块的知识结构：精深的专业知识，开阔的人文视野和深厚的教育理论功底。缺乏任何一个板块的知识都将限制一个教师在教育教学上所能达到的深度与广度。有兴趣地阅读是好事，但读书绝不能只凭兴趣，有些书也许一时读不下去，甚至不能读懂，但只要是值得读的，就一定要硬着头皮读下去，也许山重水复，但只要坚持，往往就会柳暗花明。因此，广博而有计划的阅读是一种长远的眼光，是建立在普遍联系与宏观综合的视野之上的自我锤炼。细究不少优秀教师的成长轨迹，可以得出这样一个结论：是否具有完善的知识结构将最终决定我们在教育这条路上能够走多远。

正是基于这样的认识，这些年，通过阅读经典不断完善自己的知识结构成为我的阅读指南，成为我孜孜以求的目标。我曾对自己的知识结构作了明确的分析：上大学的时候，我读的是汉语言文学专业，在专业知识这一方面，虽然远远谈不上精深，但基本够用，那么，我要着力弥补的就是教育理论和人文素养这两个板块了。于是，从苏霍姆林斯基的《给教师的建议》、洛克的《教育漫话》、夸美纽斯的《大教学论》，到冯友兰的《中国哲学简史》、老子的《道德经》、弗洛伊德的《梦的解析》，再到国内外大量的儿童文学经典，都是我阅读的对象。长期高品位的阅读不断完善着我的知识结构，使我逐渐拥有了开阔的胸襟和自由的思想方法，能够跳出教育看教育，能够比较敏锐地看清楚问题的实质。一句话，我作为教师的专业"底气"在阅读中逐渐厚实了。

我想，不论我们原有的知识背景如何，完善知识结构都应该成为每一个教师基本的阅读方向。

怎样读书

我总是把读书与写作结合起来。在我看来，读书与写作将为教师的专业发展插上腾飞的双翼。就我有限的阅读经验而言，大量高品位的阅读必然会引发有深度、有价值的思考，这些思考也许立足于我们自身，也许是对教育的宏观或微观的思考，抑或着眼于国家、民族和社会的发展……只要思考，就有价值，就有改变、完善、前进的可能。所以我们说真正的优秀教师都是有思想的教师。但是，要做一个有思想的教师，要让我们在阅读中产生的那些思想不至于稍纵即逝，也为了让我们的大脑不至于成为他人思想的跑马场，我们就必须学会整理，学会记录，学会提升，甚至学会推翻。而这必然要借助于写作。如果说读书引发思考，那么写作本身就是思考。写作帮助我们梳理思想，不断地返回自身，认同自身，否定自身，完善自身，升华自身。这些年，凡是遇到值得精读的好书，我总是会首先做大量的读书摘记，然后把自己在阅读中的思考化为一篇篇或长或短的读书随笔，这些读书随笔在《中国教育报》以较大篇幅（有的则是整版）刊登之后，引起了全国各地教育工作者的强烈反响。有些文章被多家网站与个人博客转载，成为许多教师撰写读书随笔的范例，成为教育写作的另一种崭新的形式。

要选择那些值得阅读的书去读，尤其是那些对自己构成挑战的书。大体说来，有一定难度，内容或叙述的角度比较新颖，能够引发思考、开阔思路，或者导致困惑的书都值得阅读。相反，那些读起来非常"舒服"，与自己"一拍即合"的书都不值得花费太多的力气和时间。有时，我们读不懂一本书，不光是因为语言表达方面的不习惯，也许更可能是知识背景的问题。因此，面对一本自己读不懂的书，不应该轻易就放弃，如果你一直反复阅读此书，也许就会发现，不知从什么时候起，你渐渐地读出了个中真味。我想，这种阅读坡度的降低，当然不是书本身发生了变化，而是我的阅读视野不断开阔，知识结构不断完善的结果。

有些书不妨重读，而且不妨一读再读。曾经读过叶灵凤的《重读之书》，文中表达了这样的观点："中国古语所谓书籍'汗牛充栋，浩如烟海'，在机械生产的今日，一个人即使财力和精力都胜任，恐怕也不能读尽所有的书，买尽所有的书。因此，我们在不十分闲暇的人生忙迫之中，能忙里偷闲，将自己所喜爱的读过的书取出重读一遍，实是人生中一件愉快的事。"古人也有"旧书不厌百回读，熟读深思子自知"的诗句，对这样的说法我深为赞同。这些年，凡是我认为值得重读的书，如《泰戈尔诗选》《小王子》《傅雷家书》《给教师的建议》，常常放在枕边、书桌上、电脑旁，在万籁俱寂的深夜，在午后慵懒的时光，在人声嘈杂的火车站，在无所事事的飞机上，都会拿出这些一再重读的书，仿佛一个个最可信赖的老友，捧读在手的感觉是温馨与快慰，又常有新的发现和由此而来的惊喜——真正的好书是常读常新、百读不厌的。

其实，读书的方法再多，手段再高明，都有一个前提：先读起来。

读书的境界

书读到一定的程度便会自成境界。

陶渊明说："好读书，不求甚解。每有会意，便欣然忘食。"这是一种境界；作家蒋子龙曾经写过一篇《恋爱般的阅读》，认为"读好书如遭遇一场恋爱"，这也是一种境界。蒋子龙还认为，"爱人生的人才会有这般恋爱似的阅读，对世界充满好奇，渴望了解所居住的世界。而狂热的阅读又丰富精神，精神丰富就如同心底里有一片阳光，站在阳光里，心与阳光共同升腾，人生变成一个朝圣的旅程。"身心同时站在阳光里，行走就成了一种快乐，一种渴望永远迈出下一步的芬芳之旅。而这，都是因为我们以书为侣。

在入选《中国教育报·读书周刊》2006年度"推动读书十大人物"时，我曾经这样写下自己的读书感言："读书，像呼吸一样自然。"意在表达一种思想：读书，就是生活，像呼吸一样不能没有的生活；读书，就是一种最自然的生命状态，是一种须臾不可缺的存在方式，也是一种高贵至美的人生境界。

读吧，让我们一起追求这种高贵至美的人生境界。

第二辑　越忙越要读书

越忙越要读书

当下职场，很少听见有人说不忙。而在这些忙人中，教师又往往是一个特别忙的群体。因为太忙，有的老师疏于锻炼，疏于照顾自己，以至于身心都出了问题。那么，除了众所周知的工作压力大，社会各界对教师的要求越来越高，成为教师特别忙碌的主因之外，还有没有其他因素呢？我认为是有的。比如，缺乏足够的教育教学智慧，以至于工作效率低，教育教学工作成为日复一日、年复一年的没有多大改进的重复，这样的状态自然是忙碌而又毫无成就感的。

那么，教师的教育教学智慧从哪里来？从实践中来，从思考中来，从学习中来。这里的"学习"，除了指向优秀教师学习，还有很重要的一点是指不间断的阅读，因为不间断的阅读可以培养自己敏锐的眼光和拨云见雾、直抵问题核心的实践智慧。

一句话，越忙才越要读书。

首先值得思考的是，你为什么这么忙？同样的一份工作，有的老师气定神闲，有的老师手忙脚乱。个中原因，除了工作经验不同，更多的是教育智慧的高下之分。那么，阅读又是怎样丰富了我们的教育智慧的呢？我想，主要体现在以下几个方面：

- 在广博的阅读中拓宽了解决问题的思路；
- 在不间断的阅读中培养了解决问题的恒心；
- 在有针对性的阅读中收获了解决问题的策略；

● 在如呼吸般的阅读中学会了气定神闲地看问题；

……

比如，可能不少老师都遇到过这样一种情况：有一个孩子喜欢拿同学的东西，班里隔三差五就会丢一支笔或一块橡皮。作为教师，我们该怎样对他进行教育呢？有的老师选择当众"揭穿"，让班上其他孩子时刻提防着他；也有的老师选择找来家长一同进行说服教育，让家长知道自己的孩子其实是个"小偷"，以为这样做就能帮助孩子改掉坏毛病……但往往事与愿违，这个被贴上"小偷"标签的孩子要么破罐破摔，变得难以教育，要么迫于师长的压力不再敢"轻举妄动"，但从此在班里再也抬不起头来……那么，对待这样的孩子该怎么进行教育呢？我想起了几年前阅读苏霍姆林斯基的教育著作，看到他曾经举过的一个例子，完整地呈现了对这样一个孩子的教育过程：

维佳是一个曾有多次偷窃行为的孩子。有一次，维佳又偷了别人的冰鞋，教师发现后让维佳悄悄返还了冰鞋，还让维佳参加学校的滑雪比赛。维佳在比赛中名列前茅，得到了奖品——一副崭新的冰刀。教师又让维佳与比自己年龄小的男孩在一起滑雪，当维佳发现小男孩十分喜欢那副冰刀时，主动提议：两人平分冰刀，一人一只。小男孩十分高兴，但维佳却有点后悔了，但送出去的东西是不好意思要回来的。正当他为自己刚才的冲动感到伤心时，老师走过来，劝他把另一只冰刀也送给那个小男孩。尽管维佳伤心得大哭起来，但老师却装作没看见似的。老师希望维佳能战胜自己，学会将美好的东西与别人分享，而不是据为己有。同时，老师也帮助维佳培养新的兴趣，使他以后再与小男孩一起滑雪的时候，看到那副冰刀就不至于那么难受了。老师还教育维佳用暑期劳动挣来的钱去买书、衣服和玩具，不仅自己用，也送给那个小男孩。从那以后，维佳再也没有偷过东西。我想，这是一种真正的教育艺术。教师不仅帮助孩子改掉了"这一次"，而且在孩子的精神上树立了一个美好的信念：用自己的劳动去获得该得的东西；美好的东西不应该据为己有，与别人分享会得到更大的幸福和快乐。在这个过程中，苏霍姆林斯基不仅教育维佳要把偷来的东西想办法返还，更重要的是让这个孩子通过自身的努力向他人奉献自己的劳动成果，从中感受奉献的幸福和快乐，从而从根本上杜绝偷盗等类似现象的发生。

　　读到这样的故事可以使我们从中受到启发，虽然每个孩子的具体情况不一样，但一个基本的教育原则却是可以借鉴的，那就是教师不仅要禁止孩子偷窃别人的东西，更要想办法让孩子明白一个道理：喜欢的东西可以通过劳动来获得，而且如果你肯拿出来与大家一起分享的话，你会收获意想不到的快乐。围绕这个原则，作为教师的我们就可以根据实际情况去想一些解决问题的方法和策略。而这种理论与实践的双重智慧，就是阅读带来的好处。

　　但是，这种阅读带来的好处不是那么显而易见的，因此其说服力似乎就很有限。况且，在各项工作任务催逼比较紧迫的情况下，很多老师宁愿把时间消耗在一些显而易见的事情上，而不愿花精力去读书。所以，就经常听有的老师抱怨工作太忙，没时间读书，还有老师曾经奇怪地问我读书的时间从哪里来。其实，在我看来，读书不需要一张桌子，也不需要有大把的完整的时间，处处都是读书的地点，时时都是读书的时间。当你把翻开一本书读一页看成是与打开手机刷微信一样的自然时，你就有了读书的精力和时间。而一旦这种状态持续下去，当然不只是持续一两个月，而是持续几年的时间，也许你慢慢就会发现，在工作中你不再捉襟见肘，自然也就不再那么忙了。

读书如探险

我所在的学校有一家绘本馆，叫"爱丽丝绘本馆"。同时，我们还开发了"爱丽丝"儿童阅读课程，内容包括绘本阅读、经典鉴赏、诗词诵读、民间文学等。绘本馆和阅读课程都以"爱丽丝"来命名，这一灵感来源于经典图书《爱丽丝梦游仙境》。这是英国作家路易斯·卡罗尔于1865年出版的儿童文学作品。故事讲述了一个名叫爱丽丝的女孩从兔子洞进入一个神奇国度，经历了许多奇妙的故事，最后发现原来是一场梦。这部童话作品自1865年出版以来，一直深受不同年纪的读者喜爱，是世界童话长廊中最具影响力的童话故事之一。这部经典作品给我很大启发，我想到阅读何尝不是如此？阅读好比是一次次迷人的历险，阅读一本好书就好比是进入一个美妙的仙境。爱丽丝绘本馆容纳了数千册优秀绘本，每一本书都是一个美妙的仙境，而"爱丽丝"儿童阅读课程的主旨就是通过阅读把孩子们带入那美妙的仙境中去。同样，教师的阅读也是如此。如果我们选择的一本书正是我们的知识空白，而我们又很希望通过阅读来弥补这个空白，那么阅读这本书就好比是进入了一个新奇的世界，领略了原先没有见过的风景；如果这本书不仅弥补了我们的知识空白，同时又是难得的经典，那么阅读这本书就是进入一个新奇而美妙的世界了。

在我看来，"读书如探险"的意义绝不仅于此，它还有更丰富的意义和价值。

读书如探险，还因为每一本好书在阅读时都对我们构成挑战，需要挑战自我的勇气和毅力。这首先是由经典图书的丰富性决定的。卡尔维诺在《为什么读经典》一文中也曾说过："一部经典作品是一本永不会耗尽它要向读者说的一切东西的书。"[①] 这说的也是经典作品的丰富性。正是由于"永不会耗尽它要向读者说的一切东西"，就给我们每次阅读都提供了新的可能，新的视角，新的观点，新的收获……当然，这也是新的挑战。要面对新的挑战，就需要勇气，需要毅力，也需要功力。而读书越多，我们的勇气就越大，毅力就越强，功力也越深。一旦经受住了这一次次的考验，我们也就看到了别人不曾看到的风景。

读书如探险，又因为每一个真正的阅读者必须独自走出一条属于自己的路。与教师朋友一起谈书的时候，经常有人问我正在读什么书，他（她）又该读些什么书。这样的问题其实很难回答，因为知识背景不一样，学术追求不一样，要读的书自然就有区别。因此，没有一个人人适用的书单可以提供——即便有，也必然只是经典书籍，不能"私人订制"。正如朱光潜先生所说：

> 各人的天资、兴趣、环境、职业不同，你怎么能定出万应灵丹似的十种书，供天下无数青年读之都能感觉同样趣味，发生同样效力？[②]

但在现实生活中，对别人开具的阅读书单抱有很大指望的教师

---

① ［意］伊塔洛·卡尔维诺著，黄灿然、李桂蜜译：《为什么读经典》，译林出版社，2012年4月第1版，第4页。
② 朱光潜：《谈读书》，出自胡适等著《怎样读书》，生活·读书·新知三联书店，2012年10月第1版，第89页。

朋友还是为数不少。其实，借鉴一下别人的书单是可以的，毕竟会受到一些启发，这也是开阔阅读视野的一种方式，但一定要非常清楚，除了本研究领域的那些经典书籍，每个人都应该根据自己的实际情况制定专属的阅读书单。

那么，这个专属的书单从哪里来？朱光潜先生在给朋友的信中，曾谈到读什么书的问题，他告诫青年朋友："……你要知道读书好比探险，也不能全靠别人指导，你自己也须得费些工夫去搜求。"[①] 我十分认同这种说法，读书好比探险，须花费工夫自己去探求，才能找到对自己有益的书，踏上属于自己的阅读之路。这条路是一条漫长而孤独的路，因为阅读的效用不可能立竿见影，真正的阅读是一个人捧着一本书度过的无数个夜晚，以及随手撷起的无数个时光的碎片。这条路又是一条旖旎的、灯火阑珊的路，因为阅读，生命中的许多时刻被赋予了非同一般的意义，漫长的旅程变得摇曳生姿，孤独也是美丽的。

---

① 朱光潜：《谈读书》，出自胡适等著《怎样读书》，生活·读书·新知三联书店，2012年10月第1版，第91页。

不怀疑不读书

曹聚仁先生曾在《我的读书经验》一文中提到自己小时候读书的经历，有一件事比较有趣：他从《朱文公全集》中找到一段朱熹说岳飞跋扈不驯的记载，于是询问父亲，父亲十分惊讶，不知如何回答，既不便说朱熹说错，又不便失敬于岳飞，只能含糊了事。这个疑问就此留在了当时只有 12 岁的曹聚仁的心中。后来，岳飞跋扈不驯的资料，终于在他阅读马端临的《文献通考》中得到了印证。由此，他感叹"信古总要上当的"，并得出自己的读书经验：时时怀疑古人和古书。

我能够想象曹父听到儿子询问时的讶异与尴尬：他平时读"四书"，只用朱注，而没有参考阅读其他人的注解，以为朱注是唯一的答案。这样的阅读视野，加上怀疑精神的欠缺，自然无法回答儿子的疑问。

的确，不怀疑而读书无异于把自己的大脑当成别人的精神跑马场，当成别人思想的容器，往往读书再多，也很难架构起属于自己的思想体系。这样的读书人往往可以成为比较渊博的学者，但很难在自己的学术领域中提出独特的见解。所以，在读书中思考，在思考中不放过任何疑问的火花，并珍惜这一星火花，让它闪烁在以后的阅读之路上，是读书治学的宝贵经验。

我曾不止一次说过，优秀教师首先应该是读书人。但在现实生活中，在爱读书的教师群体中，我们却遗憾地发现，并非每一个爱读书的教师都能在教育教学上取得比较出色的成就。我想可能至少有两个原因：一个原因是该教师的知识结构有问题，没有通过大量的阅读完善自己的知识结构，从而制约了自己的发展；另一个原因是他虽然大量阅读了，也可能各个板块的知识都有所涉及，但却缺乏思考，尤其是缺乏批判性阅读的能力和意识，没有建构起自己的思想，没有形成自己的认识，这样读书对教育教学的影响力就十分有限了。

我认识一个非常爱读书的教师，他藏书上万，每年购书的花费相当可观，但有一个问题曾经困扰了我好几年，那就是他的可观的阅读量和相当开阔的阅读视野却没有对他的教育教学产生大的影响。我还记得听他给小学四年级的小朋友上一节阅读课，上的是王尔德的童话《巨人的花园》，他带领学生认读生字词语，认识某一段的文本结构，却对王尔德童话中的经典人物形象只是略有涉及，对其中最重要的唯美趣味忽略不谈。我在想，为什么一篇如此经典的童话作品，课却上得如此干瘪、枯涩而乏味？他使用的教材被编者做了大量并不那么恰当的改编，有些地方甚至在非常重要的人物形象方面出现了严重硬伤，为什么他会对此视而不见？课后我曾与他讨论这节课，他的回答令我吃惊：当下的语文教学就是要学习"语用"，这是2011版《义务教育语文课程标准》的要求。真是遗憾，这位老师所理解的"语用"是否就是课标所说的"语用"姑且不论，真正令我感到可惜的是他的上万藏书竟没有给他的教育教学带来实质性的帮助。如果排除其他原因，那么他没有在阅读中养成思考的习惯，没有形成独立的思想和审美趣味，尤其是对当前的语文学术热潮缺乏怀疑的精神和冷静的思考，可能是造成目前这种情况的主要原因。

胡适先生有一个非常重要的观点：大胆怀疑，小心求证。的确，在学术研究上，如果没有这样的自觉意识，将很难有大的建树。面对似乎已成定论的东西，也要保持足够的警惕，打上一个问号；如果真的存在疑问，就应该多方寻找证据进行充分、严谨的求证，直到没有疑问为止。我认为这种观点不仅有益于学术，也有益于生活。

留一点空间给阅读

刚读了村上春树的一篇文章，主题是"人们为什么不读书了"，他感慨现代人不去书店、不读书的原因很多，其中一个很重要的原因是人们被阅读以外的活动占去了大部分时间，真正能够安安静静沉下心来用在阅读上的时间已经所剩无几。

村上春树的这些说法在当下可谓放之四海而皆准。的确，单是从这两年国内大热的微信即可窥见一斑：打开微信，满眼充斥的不是美食就是购物，不是娱乐就是旅游，要不就是孩子在体育馆学习游泳，在农家乐采摘果实。这么多活动都参与不过来，哪里还有时间读书？

即便不说玩乐，单是微信这东西本身就是例证。当下不使用微信的年轻人几乎会被视为怪物。我算是使用微信比较迟的，刚使用那半年就像发现了一个新天地，一如当年刚刚拥有微博时的兴奋心情，每天时时上网刷刷微信朋友圈，就像当年时时上网刷刷微博一样，成了生活中不可或缺的一部分。但是，渐渐地我就觉得有点不对劲了：刷微信朋友圈占据了我生活中绝大部分碎片时间，而过去这些时间都是用来读书的；更糟糕的是，刷过朋友圈点完赞之后，那种空虚和沮丧是过去从来没有过的。为什么会出现这种感觉呢？后来我发现原因就在于微信朋友圈里呈现的信息对每一个人来说都是在被动地接受，这与传统意义上的阅读完全是两回事——纸质媒体没有网络媒体时时更新的特性，这就在很大程度上让你可以静下心来阅读和思考，甚至反复阅读、反复思考，也同时规避了那些对你来说毫无意义的信息，因此传统意义上的阅读具有很大的主动性。所以，如果说传统意义上的阅读让人宁静致远，那么刷微信朋友圈就让人心浮气躁。

事实上，我发现微信里绝大多数信息对我来说都没多大意义，只是空耗了时间和精力。这样说可能有点功利，但稍微分析一下微信里的信息，就不难理解我这点自私的感受了。大体看来，微信朋友圈的内容主要有三类：晒孩子，晒美食，晒旅游。家庭生活隐私，个人情绪变化，甚至喝杯咖啡过个红绿灯，都等着朋友来给你点个赞。除此之外，就是互相转发的一些关于养生、娱乐的图文，还有大量空话连篇的心灵鸡汤和让人心神不定的小道消息。这些东西充斥着每个人的手机屏幕，让你不得不被动地窥视着别人的隐私，觊觎着人家的幸福，以为这世界上唯独自己的生活如此单调，如此乏味，就自然想着是不是也该把自己的隐私和幸福晒一晒，免得让朋友们觉得自己自私。而这种想法一旦有了，就无形之中给自己添了一些压力。这种糟糕的感觉久了，就开始反思微信到底是个什么东西，让人宁愿一天到晚盯着手机也不愿与身边的亲人多聊几句，以至于网上开始流传这样一句"名言"：世界上最遥远的距离不是生与死，而是我们坐在一起你却在玩手机。

其实，以微信为代表的网络媒体对生活的侵蚀和由此可能带来的危害不止于此。当人们不再有兴趣安静下来阅读一本书时，那些人类社会中最素朴、最纯真的东西将以惊人的速度离我们远去。生活变得没有沉淀，没有回味，怀念童年和故乡成为一种奢侈，难过时连哭一场都觉得浪费时间。对当下许多人来说，人生还没开始就已经老了，但这种衰老没有祖辈的饱经沧桑，而是生命的迅速风化，哪怕很小的一阵风，都会使那团风化后的粉末随风而逝。

微信作为一种自媒体，对于朋友圈的读者来说，它展现的是一个人生活的世界和品位。比如，在我的朋友圈中，有一位朋友经常发布一些新书的信息，因为他是一个出版人；另一位朋友经常发布一些她的读书随感，因为她是一个热爱阅读的人；还有一位朋友经常发布一些英文名著片段，因为她是一位专业水平很高的英语教研员……但现在许多年轻的教师朋友，微信内容几乎全部是家庭、孩子、美食和玩乐的信息，没有任何关于学习和教育教学方面的关注和思考。在这些老师的微信中，你看不到任何职场追求，也看不到任何足以让我们认出他们是教师的蛛丝马迹。他们似乎完全屏蔽了自己每天从事的教育教学工作，心里眼里只剩下了家庭、孩子、美食和玩乐。虽然家庭、孩子很重要，美食、玩乐也不可或缺，而且这些信息反映的也都是下班之后的生活状态，但我依然无法对这样的教师表示足够的信任——不是怀疑他们的人品和职业道德（事实上相当一部分这类教师在教育教学工作上都没有多大问题），而是怀疑把自己作为教师的职业角色放在最不重要的位置上的教师，让阅读和学习在自己的生活中没有容身之地的教师，在教育教学工作上又能有多大的主动性、创造性，他本人的职业生涯又能有多大的发展空间。同样是教师，我尊重他们的生活方式；但作为校长，我不会对这样的教师委以重任。

微信时代，请给阅读留一点空间，也给心灵留一点空间。

好书不妨重读

经典的书不妨重读。这里还是不得不提到卡尔维诺，他甚至认为，判断一本书是否是经典作品，一个很重要的标志就是人们是否总是说"我正在重读"而不是"我正在读"。我十分认可这样的判断。如果一本书总是被读者以"我正在重读"这样的话语方式提起，而且总是被处在不同时空的读者以这样的话语方式提起，我们基本上就可以判断这是一本经典的书。

为什么好书值得重读呢？

这主要是因为每次重读一本好书时都会有新的发现，就像卡尔维诺所说，我们在不断重读一部经典作品时，会发现它"永不会耗尽它要向读者说的一切东西"。几年前我曾经受同事的指引，在一位外国老师的个人网站上看到一本图画书，初读一遍，感触良多，于是翻译了这本书：

彩虹与黑珍珠

一条柳枝垂向水面。毛虫俯在柳枝上，遇到了游到水面上来的蝌蚪。他们彼此注视着对方的眼睛。

后来，他们坠入爱河。在蝌蚪眼里，斑斓的毛虫就是他的美丽的彩虹。在毛虫眼里，蝌蚪就是她的闪亮的黑珍珠。

"我爱你所有的一切。"蝌蚪说。

"我爱你所有的一切，"毛虫说，"你发誓，永远不会变。"

"我发誓。"

但是就像季节要变幻一样，蝌蚪没能守住他的誓言。有一次见面时，他长出了两条腿。

"你违背了自己的誓言，"毛虫说。

"原谅我，"蝌蚪请求道，"我无法控制，我也不想要这两条腿……我只想要我美丽的彩虹……"

"我只想要我的黑珍珠，你发誓，你再也不会改变。"毛虫说。

"我发誓。"他说。

但是就像季节要变幻一样，当他们再相见时，他已经长出了手臂。

"你已经两次违背了你的誓言……"毛虫哭着说。

"原谅我，"蝌蚪请求道，"我无法控制，我也不想要这些手臂……我只想要我美丽的彩虹……"

"我只想要我的黑珍珠……我给你最后一次机会。"毛虫说。

但是就像世界在变幻一样，蝌蚪没能守住他的誓言。当他们再次相见时，他已经没有了尾巴。

"你已经三次违背了你的誓言，现在，我的心都碎了……"

"但你还是我美丽的彩虹……"

"是的，可你已经不是我的黑珍珠了。再见。"她俯在柳枝上，孤独地哭着。后来，她睡着了。

温暖的月夜。她醒来了。天空变了。树变了。所有的一切都变了。她不知道，她也变了，变成了一只美丽的蝴蝶。唯一不变的是她对黑珍珠的爱。尽管他违背了自己的誓言，她还是决定原谅他。

她使劲地扇动翅膀，顺着河流去寻找他。

在柳枝触到水面的地方，一只青蛙坐在一片落叶上。

"请问你，"她说，"你有没有看见过我的黑珍……"

但是，她还没有来得及说出"珠"字，他已经一跃而起，一口就吞噬了她。

然后，他继续坐在那里，等待……他满怀深情地想着他的美丽的彩虹……

……他多么想知道她到哪里去了。

当我把翻译的文稿第一次发到我的博客上，在短短的时间内，便引发了网友们数百次转发，后来又达数千次……网友们纷纷谈了自己阅读这个故事的感受：

"天啊，这样的彩虹，这样的黑珍珠，心像水珠碎去……"

"这个故事告诉我们，这个世界上所有的一切都在发生变化，唯一不变的是内心深处的真情和爱……"

"这个故事告诉我们，这个世界很无奈，我们每一个人都无法掌控自己的命运，似乎总有一双冥冥中的大手在推动着我们，我们只能承受……"

"令人叹息的倒不是故事本身，我无法想象作者曾经历了什么样的苦难，积淀了什么样的悲剧意识，用什么样冷淡无助的眼神看世界，所以才描绘这样一个美的世界，又残忍地将她毁灭。"

"人生若只如初见——那时却道是平常！或许，错过的是尘缘；守住的，是爱人的心！"

"故事很有意思。感情总是遭到现实的嘲弄，对吗？"

"也许正是这样的悲剧，让我们有时候无法释怀，而且可能会唏嘘不已。事物一直都在变，虽然情怀不改，但谁又能保证经历历史的沧桑后，不会像那只青蛙一样无助地等待？谁能保证多年以后，还认得曾经相爱的彼此？"

"这个故事告诉我们一个颠扑不破的真理，那就是：世界上最爱你的人伤你最深！"

"这个故事告诉我们，只有爱是不够的……"

"这个故事告诉我们，爱还需要包容，需要沟通，需要彼此真正的理解……"

"什么爱呀情呀，这个故事讲的就是大自然的生物链！青蛙本来就是要吃昆虫的……"

"正因为青蛙本来就是要吃昆虫的，所以才更能说明爱是超越一切障碍的！"

"这样的故事你也敢拿给孩子看，不是太残忍了吗？有没有考虑到孩子的接受能力？闫老师啊，亏你想得出……"

"这样的故事拿给孩子们看又如何？现实生活中比这残忍的事情有的是，你能管得了吗？而且，我觉得现在的孩子恰恰需要这样的训练！"

……

如果不考虑篇幅，我还可以列举更多网友们不同的解读。这些解读令我叹为观止，感慨万分。正是这样一个不算长的小故事，让我真正体会到了什么是经典，以及经典的丰富性会达到什么程度。后来我在网上找到了这本书的一些信息。我必须感谢这本书的作者，是他们用惊人的想象力与创造力完成了如此丰富的故事，它似乎永远都耗不尽要向读者说的东西，留给读者无尽的回味。

而且，一本真正经典的书，似乎可以与我们一起成长，因为它的层次远远地超过你，不但在你最初读它的时候超过你，在很多年以后你再读它的时候还是超过你，值得你花费一生的时间去阅读。

好书要重读，除了书本身的缘故，恐怕还有读者的原因。一个读者面对同一本书，在不同的年龄阶段去读，理解也会不一样。对于有些初读时感觉阅读坡度比较大的书，如果读者能够在以后的岁月中不断拓宽自己的知识结构，那么这种阅读坡度自然就会不断降低；对于那些堪称经典的书，由于它们极具创造性与可读性，同时又有十分丰富的内涵，也许初读时我们只能了解其中的一部分，领略其中某一个迷人的侧面，但随着时光的流逝，我们本身发生了变化，在不断重读它的过程中，我们眼中的这本书，以及书里的他和她，还有那些当时不曾留意的细节，某一个动作、眼神，某一只杯子所处的位置，杯子上的花纹，一声叹息，一丝隐秘的犹疑……似乎都充满了新的隐喻。这就是重读带来的欣喜。

卡尔维诺在评论蒙塔莱的诗时，他写道：

还有就是继续读"进"他的诗集。这无疑将确保他的长存：因为不管细读和重读多少次，他的诗都能一打开就吸引读者，却永不会被耗尽。[1]

对于经典的书与它的作者，我们表示敬意的最好方式就是不断地细读与重读。

其实，我一再提到卡尔维诺，提到他的这本《为什么读经典》，是因为我不断地重读这本书，一方面得以窥视他的秘密书橱，另一方面为他多变的叙述方式，精密复杂的逻辑结构而倾倒。这也是我对这位天才和他的书表达敬意的一种方式。

---

[1] ［意］伊塔洛·卡尔维诺著，黄灿然、李桂蜜译：《为什么读经典》，译林出版社，2012年4月第1版，第258页。

阅读当克期

　　章衣萍先生曾撰文谈起自己的读书经验，提到聆听胡适先生传授读书之法，胡适认为阅读"应该克期"。所谓克期，指的是一本书拿到手里，要给自己设定一个期限，到了这个期限就一定要读完。我想，实行克期阅读对于当下的教师朋友来说，不失为一种促进自身阅读的有效之法。

　　为什么阅读要克期呢？

　　克期是给自己设定了阅读期限，其实就是强制给自己布置了一个阅读作业必须完成。当下教师的工作可谓繁杂，要面对来自各方面的挑战，再加上各种媒体、娱乐活动在每个人生活中的强力渗透，我们能够留给阅读的时间一再被侵占，被剥夺，能够静下心来阅读的教师越来越少。但凡事都有一个衡量标准，在你的心中什么东西最重要，你就一定会为其留出时间。如果我们把阅读看成是一件非常重要的事，我们就一定会找到阅读的时间。在这种情况下，充分利用这宝贵的时间就显得非常重要，这也是克期阅读所体现出来的意义之一。

　　曾有青年朋友与我聊起他们的阅读经历，许多人都提到过一个事实：一本书在手边放了很久，却一直都没有读完；每次拿起来再读，都几乎忘记了过去曾读过的内容，不得不从头读起。如此周而复始，似乎这本书永远都读不完。更糟糕的是，从头再读的遍数多了，很容易对这本书心生厌倦，真的从此放下永不再读也未可知。

这样一来，阅读习惯自然无从培养，更遑论从阅读中受益。之所以出现这种情况，我认为可能主要有三个方面的原因：一是这本书对他来说坡度较大，读起来吃力，自然难以持续；二是这本书对他来说比较枯燥无趣，读起来厌烦，自然也难以持续；还有一种原因是没有必须读完的决心和迫切性，以致一再纵容自己的懈怠。我想只要确认这本书是值得读的，有利于完善自己的知识结构，或有利于丰富自己的精神世界，要避免上述情况就可以实行克期阅读，给自己设定一个比较合理的时限，要求自己在这个时限内读完。还可以为自己设定一个奖惩机制，比如，假如克期读完一本书，就小小地奖励一下自己，如看一场喜欢的电影，或在咖啡馆悠闲地坐一个半天等；反之，就不允许自己得到这些享受。当然，这些方法只是一种建议和参考，是十分个性化的，完全不具普遍性。而且话又说回来，无论你是否克期读完这本书，这所谓的奖惩机制也都没有人去监督落实，最终还要你自己做决定，就像阅读在大多数时候都是你一个人的事一样。

也许会有教师朋友说，工作、生活的压力已经够大了，还要克期阅读，不是又给自己凭空增加了压力吗？我是这样看的：我们之所以会把阅读看成一种压力，那是因为阅读还没有成为我们生活的一部分，我们把阅读看成了生活的一种额外添加，是外界强加于我们的一种任务。其实，我在很多场合都跟青年朋友们说过，工作、生活的压力越大，也就越需要阅读。因为阅读可以增加我们生活、工作的智慧，丰富、温润我们的生活，使我们得以减轻压力，从干瘪枯涩的生活中突围。

这些年从我个人的阅读经历来看，克期阅读令我受益匪浅。每年的寒暑假都是最好的读书日，我往往会在放假前专门网购一些自己想读的书，利用假期把它们全部读完。这些书大多数是平时想读但还没来得及读的书；有的则是坡度比较大的书，非得利用假期比较长的时间才能攻克；还有的书纯属随性选择，着意于精神的放松与休息，若能从这样的书中有所裨益，自然是最好不过的，但也不强求。记得有一年我准备写作《跟苏霍姆林斯基学当班主任》一书，就利用暑假时间把苏霍姆林斯基在国内出版的所有的著作又重读了一遍，并做了好几万字的读书笔记。可以说，重读全部的苏氏著作是我给自己设定的那个暑假的阅读目标。那个暑假充满了紧迫感，因为苏氏的作品浩如烟海，而我也知道，一旦暑假结束我可能再无这样完整的时间阅读如此体系浩繁的教育专著了。终于，在暑假结束之际，我读完了他的全部著作，这就为后来写作新书奠定了基础。可以说，这是我克期阅读的一个比较难忘的经历。

其实，许多在各个领域有所建树的学者都有克期阅读的习惯。章衣萍如此，胡适也如此。可见，惰性人人有，人的一生似乎都在与惰性做斗争。人生如此，阅读也如此。

读书为教养

　　周作人先生在《灯下读书论》中曾引用古希伯来传道者的话："我又专心察明智慧狂妄和愚昧，乃知这也是捕风，因为多有智慧就多有愁烦，加增知识就加增忧伤。"在周作人看来，他读书就是为了自己的教养，"既无什么利益，也没有多大快乐，所得到的只是一点知识，而知识也就是苦，至少知识总是有点苦味的。……但苦与忧伤何尝不是教养之一种，就是捕风也并不是没有意思的事。"

　　不管我们是出于怎样的目的而读书，我们在读书的过程中都获得了知识，而这个过程确实如周作人所说，不见得有什么利益，有多大的快乐。毕竟，对于我们大多数人来说，读书依然是一个寂寞的选择，更多的时候，我们在读书中都不免劳心劳力，于是知识就或多或少带了些苦味。我们读得越多，对人生的理解越深刻，越感到人性的复杂；读得越多，越感到自己的浅薄与可怜。当我们在读书中经历了几个轮回，与现实中自己的酸甜苦辣相混合之后，留在心底的这万般滋味往往会让我们怅然若失，浸满忧伤。而这，正是一种历练，是教养自己的一种方式。也许，这正是周作人所说的，"但苦与忧伤何尝不是教养之一种"。

　　的确，在周作人的一生中，不论外界环境如何变幻，不论是在东京还是北平，不论是无忧无虑的少年时代，还是"寿则多辱"的老年，在他未被进行"无产阶级专政"之前，他都保持着读书、写作的习惯，甚至在经济上极其困窘的时候，他都保持着非常旺盛的创作状态。钱理群先生在罗列了周作人从 1952 年到 1955 年的作品之后，发出了这样的慨叹："想到如此浩繁的翻译精品，竟出于终日为穷、病、闹所困的周作人之手，人们还能再说什么呢？"

其实，翻译的过程既是阅读的过程，又是创作的过程。正是这样勤勉的阅读与创作，使我们看到了一个在文学的世界里阅遍了苦与忧伤的周作人，在这个过程中，他确实把读书当成了教养自己的一种方式。

这种教养可以从周作人的作品中找到答案。我们读周作人的散文，常常忍不住要为他丰富的学识而感叹。他几乎称得上博古通今，翔实的资料往往信手拈来，旁征博引，纵贯中西。单就这个特点而言，散文写作能达到如此境界的人，至少在我有限的阅读视野之内，恐非周作人莫属。钱理群先生在提到周作人 1964 年的生活与创作状态时，曾这样写道："此时，周作人的意念、心境，几乎处于一种澄净、空明状态，突然表现出对于大自然美的敏锐感觉。如雨的细雪，雪后的日出，蝉鸣，虫吟，都牵动着他的情怀。"这样的状态与情怀，使周作人最后的创作达到了一种极高的境界，"连周作人自己都有些意外，他为自己的文章渐有随笔的意味而感到惊喜，同时意识到此种境界在国内已是无人领悟。"

难怪周作人在《灯下读书论》的结尾这样慨叹："……可是无论如何，寂寞总是难免的，唯有能耐寂寞者乃能率由此道耳。"

其实，能够安于寂寞，也是人生的教养之一。有多少不能安于寂寞的人，最终领受了人生的苦涩。教师有时就是一个十分寂寞的职业，你的人脉资源、社交圈子、经济状况，都或是一览无余，或是深受局限的，若是能坚守一生，本身就值得敬重。在这种情况下，阅读不仅增加了我们的教养，还增添了抵抗寂寞的能力。

第三辑　阅读，一种本源性研修

阅读，一种本源性研修

两年前的一个秋天，12个年轻人加入了我的工作室。从他们身上我看到了当年的自己，于是，帮助他们成长不但责无旁贷，更成为一件十分亲切的事情。

作为他们的导师，我制订了一系列工作室学员研修计划。这个计划中涵盖了我认为一个青年教师必须研修的主要内容：磨课，阅读，写论文，做课题，设计、开发自己的语文课程……从进入工作室的第一天起，我们就达成了一个共识：阅读应该成为我们研修的重要内容，应该贯穿于研修的整个过程。我们在共读与研讨中渐渐发现，阅读不仅应该成为研修的核心，而且应该成为研修的起点。假如没有阅读作为一个教师的精神底色，所谓磨课就很容易沦为一种纯粹的技术操练；同样，假如没有阅读成为教师生活的重要组成部分，所谓做教科研、开发语文课程以及教育写作、教育反思就会成为无源之水。因此，我们把阅读称为一种本源性研修。

本源性研修的提法是基于这样的理念：优秀教师是读出来的。这句看似偏激的话语并非否认课堂教学、教育科研的重要性，而是强调阅读在教师成长中的核心作用。虽然一个教师是否能成为一个优秀教师，影响因素很多，比如：一个教师所受的专业教育，所处的教育环境，所拥有的生活经历，所秉持的教育理念，所具有的职业天赋，等等，但我们都无法否认这样一个事实：如果一个教师不读书，他就不能在教育教学这条路上走得很远。换句话说，一个不读书的教师，不可能成为一个真正的优秀教师，优秀教师首先应该是个读书人。

其实，阅读在决定教师成长的诸多因素中的核心地位在实践层面上已经得到证实。就拿课堂教学来说，这些年，常有老师问我，我上的某一节"成功"的课是怎么"磨"出来的，我常常难以说出个所以然；有媒体热衷于发表一些名师名课的备课经验、备课思路，每次接到这样的邀请，我都常常感到比较为难。究其原因，一方面是因为某一节看上去比较"成功"的课我自己并不满意，另一方面是因为我觉得自己在备课时是调动了已有的知识储备，结合自身的特点，再加上在课堂现场中对某些复杂因素的把握，才构成了这节课现在的样子。而且，我常常在想，如果我能够对某个问题想得更透彻一些，自己的知识底蕴更丰厚一些，阅读视野更开阔一些，可能这节课就会是另一种面貌，会更加符合学生本身的智力、情感特点，会更加符合这节课本身的逻辑结构，课堂风格也会更加大气、从容……而要达到这些更加理想的课堂状态，应当成为一个教师一辈子的追求。也许正由于这始终是一种追求，才需要我们永远为之付出努力。从这个意义上说，我们永远都在路上。

那么，就一节课来说，为了达到理想的课堂状态，也需要一个教师付出一辈子的努力。这就是苏霍姆林斯基在谈到自己如何听课、评课时所表达的观点：

> 在听课和分析课的时候应当记住，今天某教师上的一节课，不仅仅是他昨天花一定时间进行准备的结果。一堂课并不只是、也并不那么多地就是教师在走进教室之前所读过的那点

教学参考书和补充资料。①

　　某一个教师上的某一节课，实际上表现的是教师的全部。这里包括他的知识储备、阅读视野、价值判断、教学智慧、精神风貌、人格魅力……而这些，决定了一个教师究竟以一个怎样的形象出现在学生面前。一节比较理想的课，绝不可能仅仅是上这节课之前花费几个小时、十几个小时就能达到的效果。

　　苏霍姆林斯基提到了一个具有30年教龄的历史老师，他的课上得十分出色，以至于听课教师和视导员都听得入了迷，连做记录也忘了。当有人询问这位历史教师究竟是花费了多长时间才备出这么一节精彩的课时，这位历史教师的回答是：用终生的时间备每一节课，但对今天这节课的直接准备，只用了15分钟。

　　这位历史教师的回答使我们认识到，一个优秀的教师，他是用终生的学习来不断丰富自己，通过不间断地阅读来扩大自己的视野，完善自己的知识结构，才造就了今天的自己。他从来不把自己囿于教材和教参中，他甚至完全超越了教材与教参，因为教材和教参仅仅是他知识视野的一部分，甚至是极其微不足道的一部分。在他的课堂上，他凭借着自己强大的知识优势和精神魅力，不仅教给了学生某些知识，而且他完全可以照亮学生今后寻求知识和人生理想的道路。这样的教师，就是像那位历史教师一样，用一辈子备了一节课，备了每一节课。

　　具体来说，怎样进行这种备课？苏霍姆林斯基给出了明确的答案：读书，不间断地读书，跟书籍结下终生的友谊。他做了一个形

---

① ［苏］苏霍姆林斯基著，赵玮等译：《和青年校长的谈话》，出自《苏霍姆林斯基选集》第4卷，教育科学出版社，2001年8月第1版，第817页。

象的比喻：为了在学生面前点燃一朵知识的火花，教师本身就要吸取一个光的海洋，一刻也不能脱离智慧与知识的太阳。遗憾的是，现在一提到教师读书，许多教师就会抱怨：没有时间。的确，我们的工作十分繁杂、劳累，我们的课余时间被大量挤占。但是，恰恰是因为我们需要更多的空闲时间，我们才更应该大量阅读。只有通过阅读，我们才能最终减轻自己的负担，才能把自己从教材和教参中解放出来，才能花费最少的力气取得最大的效果，才能帮助学生减轻脑力劳动的负担，把他们从题海中解救出来。而那些不读书，一味死抠教材和教参的教师，将在日复一日、年复一年的繁重劳动中耗尽自己，却感受不到教育教学的幸福，感受不到创造性劳动所带来的快乐。

因此，苏霍姆林斯基非常关注教师是否在读书，在读些什么书，书在他的精神生活中占据何种地位，以及他是否时刻关注着科学和文化方面的最新成就。这成为他评价一个教师的重要指标。他认为，教师要成为学生的知识的源泉，就要永远处在一种丰富的、有意义的、多方面的精神生活中，而这种精神生活在很大程度上与阅读有关；每一个教师在课堂上不仅在向学生打开通往知识世界的窗户，同时他更是在表现自我。而教师在读些什么书，将决定他在课堂上向学生展示的是一种怎样的精神世界。

事实上，真正的优秀教师都是爱读书的教师。我有许多爱书的教师朋友，听他们的课，跟他们聊天，都是一种享受。他们的课，往往视野开阔，丰厚、大气，从不拘泥于教材和教参，他们本身就是课程开发者。

课堂是反映教师修养的一面镜子。教师只有一辈子不间断地读书、学习，加强自身的修养，不断丰富自己的知识，才能使自己的每一节课都对学生的发展有益。而我们执教的每一节课，也都反映了我们平时的知识底蕴和精神风貌，而绝不只是在上课之前花的那些时间进行备课的结果。我想，这也是我们把阅读看作是一种本源性研修的主要原因。

正是由于看到了阅读与教师成长之间的必然的因果关系，我们开始了不倦地阅读。可以说，我们的研修历程就是阅读历程，阅读始终是我们研修的重要板块。我们读语文专业书，读教育理论经典，还广泛涉猎人文社科类书籍。我们在阅读的广度和深度上都对自己提出了要求。比如，我们提出"有坡度的阅读"，强调教师阅读要有点难度；我们还提出"非经典不读"，强调教师阅读应注意提升阅读的品质；我们还提出"阅读的三个板块"，即专业知识、教育理论、人文视野，强调要成为一个真正的优秀教师就要通过大量的、广泛的阅读来不断完善自己的知识结构。

我们工作室的 13 位教师，就这样读起来了，读《瓦尔登湖》，在喧嚣的世界中寻求心灵的宁静与生活的简单；读《中国哲学史》，穿越那片思想的丛林，领略豁然开朗的欣喜；读《后现代课程观》，学会在开阔、综合的视野下看待课程……因为阅读，我们不断在精神上实现突围，心灵变得敞亮起来，知识结构不断完善，课堂实践不断循环上升，教育研究与反思也不断走向纵深。

我们在一起，会一直读下去。

"叶脉"似的阅读之路

    胡适先生在《读书》一文中讲过一个小故事，非常有意思：他曾劝顾颉刚先生标点姚际恒的《古今伪书考》一书，考虑到当时顾颉刚先生生活困难，胡适希望他能尽快完稿，以便得一点稿费补贴家用。因为这本书很薄，胡适判断顾颉刚大概只需要一两个星期就可以标点完毕。岂料顾颉刚一去半年，总不能交卷，原来他每一条引据都要去查阅原书，仔细校对，注明出处，注明增添与删节之处，这样一来，自然耗时多多。动手半年之后，顾颉刚对胡适提出，《古今伪书考》不必印了，因为他要编辑一部疑古的书，叫作"辨伪丛刊"。胡适请他动手去编。顾颉刚编了一两年，对胡适说，"辨伪丛刊"也不必再印了，现在他要自己创作了。原来，这两年他对中国古史做了许多辨伪的研究，在这个过程中，他取得的成就早已超过了姚际恒等人了，自然可以自己创作，总结自己的研究成果了。顾颉刚的治学态度让胡适十分感叹，认为顾颉刚成功的最大原因是他的手到的工夫勤而且精，由此总结出一个重要的经验：没有动手不勤快而能读书的，没有手不到而能成学者的。

    我十分赞同胡适先生的见解，对于每一个致力于学术研究的人来说，自己动手查书，动手标点，动手翻阅字典，穷根究底，一丝不苟，这些都是最可贵的治学基本功。我们可以想见顾颉刚先生的研究过程，他的研究过程即阅读与思考的过程，可谓从一句话到一本书，从一本书到另一本书，从许多书到一个知识谱系，从一个知识谱系到更广泛的知识谱系，并在这个过程中逐渐形成自己的知识谱系。这个过程让我联想到一片叶子的脉络，植物生长所需的养分经由那些脉络被源源不断地输送进来，最终长成一片碧绿的叶子。我把这称为"叶脉似的阅读"。我认为这也是顾颉刚先生的治学经历给我的最大启发。

台湾学者唐诺曾说："下本书在哪里？下本书就藏在此时此刻你正阅读的这本书里。"说的也是这个道理。

对教师的学习来说，如果我们希望把自己知识的盘子越做越大，我们也必须要进行这种"叶脉似的阅读"。从我本人的学习经历来看，我其实也在走这样的一条阅读之路。刚走上教师岗位的那几年，当发现我的教育理论基础十分薄弱时，我便决定从阅读教育理论经典开始填补自己的知识空白。一个偶然的机会，我读到了苏霍姆林斯基的著作，豁然开朗，他让我窥见了教育最迷人的地方，帮助我度过了最迷茫的新教师生涯。后来，我开始阅读陶行知先生的著作。如果说苏霍姆林斯基是世界教育史上一座最闪亮的灯塔，那么陶行知先生则代表了中国教师身上最可贵的品质，那就是"捧着一颗心来，不带半根草去"。我不以为这是大话、套话，因为我从陶行知先生身上实实在在地看到了这种东西，而且随着岁月的流逝，当我开始步入中年教师的行列，又开始做教研员、做校长之后，我愈加感到再也没有比这句话更能够真实、贴切地道出中国教师身上蕴藏的精神品质的了。在比较全面的阅读了陶行知先生的著作之后，我看到了陶行知先生与苏霍姆林斯基的共同之处，那就是根植于实践、身体力行的务实精神。多年以后，我离开教研室，重新回到学校，也是听从了内心深处发出的呼唤，这种呼唤可能在我阅读陶行知和苏霍姆林斯基的这些年里一直就存在着，直到今天我终于付诸了行动。后来，我了解到杜威与陶行知的师承关系，我又决定挑战自己，开始阅读杜威。我一头扎进了实用主义教育思想体系的宏大世界，不但理解了杜威的"做中学"，也进一步理解了陶行知先生的"教学做合一"。再后来，在研读这些传统的教育理论经典的同时，我的目光又转向了后现代主义，研读了小威廉姆·E·多尔的《后现代课程观》等书籍。当我发现多尔是站在那么开阔、综合的视野下论述后现代课程观后，深为叹服，于是循着他在这本书中呈现的一些线索，阅读了不少人文历史、自然科学方面的书籍，有的是认真地精读，有的是大致地浏览。这种从一条线索出发不断拓展开去的阅读方式，恰似一片叶子的脉络，贯穿了我这些年学习、研究的整个过程。

其实，这种"叶脉似的阅读"，是每一个优秀教师基本的阅读方式，如果长期践行，将受益匪浅。正如林语堂先生所说：

> 学问是每每互相关连的，一人找到一种有趣味的书，必定由一问题而引起其他问题，由看一本书而不能不去找关系的十几种书，如此循序渐进，自然可以升堂入室，研究既久，门径自熟，或是发见问题，发明新义，更可触类旁通，广求博引，以证己说，如此一步一步的深入，自可成名。[①]

我们无须"成名"，"成名"是花朵的事情，我们只要读成一片叶子就好。

---

① 林语堂：《读书的艺术》，出自胡适等著《怎样读书》，生活·读书·新知三联书店，2012年10月第1版，第48页。

高原期是阅读缺失的表现

　　对于许多优秀教师而言，似乎总有那么一段时期，找不到前行的方向，也找不到进一步提升的突破口，个人发展似乎停滞了。这种现象被称为教师发展的"高原现象"，这段时期被称为高原期。

　　我本人没有经历过高原期。虽然我和大多数教师朋友一样，在20多年的教师生涯中，也遇到不少困惑和难题，但我总是会很快步入新的轨道，一条足以不断地引发我的好奇与行动渴求的轨道，它呈上升态势，而且无限延伸。怎样觅到这条轨道？这并非是我偶然的运气使然，仔细想来，无非是这些年不间断地阅读让我保有了对寻求知识的热望和清醒评判自身的能力——当然，还有很重要的一点，那就是从阅读中不断受到启迪，收获灵感，这让我总是能看到方向，看到远方的光亮。也就是说，所谓高原期，其实在很大程度上是阅读缺失的表现。

　　这并非是我的个人经验。我认识一位青年教师，是一位非常优秀的小学语文教师，有一段时间她对小学语文教材中的神话教学产生了浓厚的兴趣，做过一段时间的研究之后，她取得了一些成果，还在几家颇有影响力的语文教学报刊上发表了关于神话教学的文章。但令她费解的是，这些成果发表后几乎没有引起什么反响。她意识到自己的研究成果并没有给一线语文教师带来多大的启发。她在神话教学方面的研究开始陷入困境。审视以往的研究成果，她逐渐发现，这些研究大多还停留在神话教学的技术层面，对神话这类体裁的文本缺乏系统深入的基于历史文化背景的研究。而要进行这方面的研究，无疑需要比较深厚的人文阅读背景，尤其是历史、哲学、美学等不同层面的阅读背景。而这，对于师范大学小学教育专业背景的她来说，是一个比较大的知识空白，这也是她以往的研究没有找到突破口的根源所在。于是，她开始通过阅读弥补自己的知识空白。她渐渐发现，神话教学远远不是把神话文本教得新奇有趣就可以了，每一个神话的诞生、流变、发展，其实都有着复杂的历史文化背景。比如，她在阅读中发现，中国古代神话传说如《女娲补天》《夸父追日》《盘古开天》等，其实都有一个共同点，那就是基于"天问"。在远古时代，由于知识的匮乏，人类对于风云雷电、四季变换等自然现象无法解释，因而常怀敬畏之心，做出各种猜测和设想。于是，关于这些自然现象的神话传说应运而生。在对中国古代神话故事具备了比较丰富、深入的认识之后，她就在课堂上组织学生进行了相关问题的讨论，以深化学生对这些神话故事的认识："以现在的眼光来看，故事中描述的这场灾难可能是什么灾难？远古人类在遭受突如其来的灾难时，为什么会把希望寄托于天神？女娲补天这个神话故事，反映了远古人类怎样的心理和期望？……"显然，这些问题的呈现都反映了她本人对神话这类文本的深入研究，从而极富讨论价值。甚至可以说，当这些问题呈现在课堂上时，这位老师的神话教学研究就脱离了单纯的技术层面，进入了一个比较深入、开阔的研究领域，她的研究可谓柳暗花明。而这，在很大程度上归功于她逐渐丰富的阅读背景。也就是说，阅读帮助她突破了自己语文教学研究中的高原期。

高原期的出现也表现为内心活力的减少或丧失。当一个教师处在发展的高原期时，他必然已经经历了教师生涯中较长时间的磨砺，当他的努力累积到一定的阶段，获得了一些自己所渴望的回报，甚至还有意外的回报时，他就很容易陷入发展的高原期——因为他可能一时找不到下一步渴望到达的目标是什么。没有目标，当然也就没有方向。这就意味着内心活力的减少或丧失。而内心活力的大小，甚至活力的有无，除了天性使然，还可以借助外力、从各种渠道去获得，阅读便是其中较有效果的方式之一。我读陈丹青笔录的《文学回忆录》，木心点评狄更斯的作品是一种很好的"心灵滋补"，他引用托尔斯泰的话，认为狄更斯的作品可以助人摆脱忧悒："……如果谁落在忧悒中，不妨试试：沙发、巧克力、狄更斯。"木心的说法不仅仅是幽默，还有更加丰富的人生趣味在其中。在这里，助人摆脱忧悒的不仅是狄更斯，但主要是狄更斯；除此之外，如果还有软软的沙发和香醇的巧克力，得到滋补和宠爱的就不仅是心灵，还有身体。

这样看来，高原期的阅读就是一种心灵滋补，积聚能量，蓄势待发。一朝条件成熟，马上活力四溅，高原期自然就不存在了。而没有阅读，不但不可能活力四溅，连高原期也不能持久——教师向高处提升自己的速度可能比较缓慢，但下坠的速度是很快的。

没有阅读的教科研

曾接到一位年轻教师朋友的求助，她说自己正在写一个课题开题方案，研究的主要问题已经确定，只是不知道该研究课题的"理论基础"是什么，希望我能给她提点建议。她说如果没有"理论基础"，她的开题方案就缺失了很重要的一个板块，而且这个课题也就缺失了必要的"理论高度"。在详细询问了她的课题研究方向之后，我意识到她的选题价值不大，因为在此之前关于这方面的研究已经很多，而且已经有大量有价值的成果呈现出来，而她关于这个选题的研究既没有新的内容，也没有新的方法。于是，针对她感兴趣的研究领域，我帮她确立了一个新的选题，并就她所关心的研究"理论基础"提了一点建议，同时推荐了几本与此相关的书籍供她参考。

其实，我心里还有一点想法没跟她说——我对她的研究没有抱太大的希望。我非常怀疑在研究的"理论基础"尚需要别人提供的情况下，她的研究能力究竟有多大，是否能够取得比较有价值的研究成果。她无法找到课题的"理论基础"，一是由于她的思考与判断能力尚显不足，因此对这个选题的实质意义不太清楚；二是她的阅读视野十分有限，在教育教学理论方面更是捉襟见肘，因此她的知识储备不足以支撑她的研究，或者不足以帮助她取得真正有价值的研究成果。当然，这并不是说一般教师的研究没有价值，相反，我认为研究就比不研究强，我相信在研究的过程之中还是会有一些收获，从而对实践有一定的指导和启发意义的。在这里我想否定的不是根植于实践的教科研，而是没有阅读的教科研。在我看来，一个阅读视野窄闭或者根本不阅读的老师，是没有能力做真正的教科研的。

没有阅读的教科研是什么样呢？

首先，没有阅读的教科研很难找到有价值的研究选题。

在长期的教育教学实践中，每一个教师都会或多或少遇到一些问题，而这些问题本身往往又是值得研究的科研选题。我们主张教师的科研选题一定要从实践中来，教科研应该真正为教师的教育教学实践服务。但并不是每一个在实践中遇到的问题都值得研究。这一方面是因为有的问题在这之前已经出现了比较成熟和值得借鉴的研究成果，不需要再进行重复性研究；另一方面是因为有些问题其实比较简单明朗，往往根据教师本人的经验便足以应对，因此也不需要花费力气去当成课题进行研究。但问题是面对纷繁芜杂的教育教学问题，有不少老师往往不能判断哪些是值得当成课题来研究的，哪些是在实践中凭借经验就可以处理的。因此，很多老师在做教科研的时候无法找到有价值的研究选题，或者确立了研究选题之后，才发现这个选题已经有了比较丰富的研究成果，而以自己的研究实力，恐怕难以超越前人的研究。出现这种情况，在我看来其实是教师的科研眼光出现了问题。而能否独具慧眼，拥有去伪存真的眼光与判断力，从而筛选出真正值得研究的问题，不是每一个老师都能做到的，或者说有相当一部分老师做不到。那么，这种眼光与判断力从哪里来？从思考中来，从阅读中来。在实践中不断思考，在思考中不断寻求答案，这整个过程都离不了阅读。阅读本身就是一种思考，它增强了我们的判断力和实践力，也开阔了我们的视野，提升了我们的研究品位，让我们知道哪些是值得研究的真问题，哪些是可以忽略的伪问题。而向我求助的这位老师选择了没有研究价值的课题即为反面的例证。

其次，没有阅读的教科研很难梳理明晰的研究内容，也很难设计恰切的研究方法。

即便已经选择了具有研究价值的课题，但如果不能围绕这一课题梳理出比较明晰、准确的研究内容，那么再有价值的选题也将落空。选题是课题研究的核心点，围绕这一核心点可以辐射出许多研究内容。这些研究内容在最初阶段往往是互相交叉、彼此关联的，并且在逻辑结构上尚处于相对比较零散的状态。那么，怎样才能去芜存菁，对这些看似都与选题相关的内容进行筛选，找出该选题中最有必要、最有价值的内容板块呢？要做到这一点，一方面要对自己研究的选题具有透彻的理解和思考，另一方面要有相对比较严密的逻辑思维能力，这样就可以找到各个研究内容与选题之间的重要关联，从而梳理出比较明晰的研究内容。除此之外，学会确立恰切的研究方法也十分重要。研究方法要针对选题而确定，不同的选题其研究方法是不一样的，而现在许多老师在进行课题研究的时候，不论是什么选题，其研究方法都大同小异，有些方法似乎"放之四海而皆准"。其实，这种不顾选题的实际情况而选择研究方法的做法是有问题的，它使得课题研究的过程和成果应有的可信度都大大减少了。这是非常值得我们警惕的。

那么，怎么避免这种情况呢？以我的经验来看，避免这些误区的能力来源，更多的不是天赋，而是依赖于平时持之以恒的阅读。因为阅读在很大程度上是一种思维的训练，阅读越多，所受的思维训练越多。这些年我从事教育科研，选择过一些在有些人看来比较难以着手的研究课题，但正是多年来的阅读训练，使我在围绕选题罗列、筛选研究内容，确立研究方法的时候，能够拨云见日，少走了不少弯路。

自然，当研究选题、研究内容和研究方法都没什么问题的时候，其研究成果的价值与可借鉴性、可推广性就是非常值得信赖和期待的了。

所以，我常常对年轻的教师朋友们说，要想做真正的教育科研，成为优秀的教科研能手，首先要做一个阅读者。因为大量的事实证明，没有阅读的教科研是不值得做的，也是做不好的。

新教师应该读什么书

　　一个刚入职的新教师，怀着美好的愿望和憧憬走上教师岗位，希望在教育这条路上能够走得比较远，成为学生心目中的优秀教师，读书肯定是一条重要的提升自我的渠道。那么，新教师该读些什么书？这其实是一个非常浅薄的问题，因为大体说来，其他教师该读的书也就是新教师该读的书。但是，新教师又因其"新"而与其他教师的阅读有所不同。

　　作为一名曾经的新教师，我对新教师提出的阅读建议不一定全部适用，但好在是一种切身的经验，因此也许有一点可供参照的价值。

　　新教师要读那些充满情怀的、能够照亮自己教师生涯的书。新教师走上教师岗位的那一天起，他们就已经站在了一个起点上，在这些年轻的面庞前面，延伸着一条充满期待然而又并不明晰的路。除了借鉴周围教师的经验，阅读永远都是可以从中寻求帮助与行走方向的重要渠道。我曾不止一次对青年教师朋友们谈起我作为新教师的那几年，在最迷惘、最沮丧的时候，我读到了苏霍姆林斯基的《给教师的建议》，后来又读到苏霍姆林斯基的《我把心给了孩子们》等著作，我开始懂得了什么是教育情怀、教育信仰，对学生的爱怎样点点滴滴、春风化雨般地融进日常的教育生活中。这些书照亮了我的教师生涯，它们让我看到了一条清晰的轨迹，一条成为优秀教师的轨迹。不论是在一线做老师，还是做专职教研员，以及现在做校长，我都发现，虽然这最初的阅读发生在 20 多年前，看似遥远，但其实那束光亮一直延伸到今天，明亮而又温暖；这最初的阅读，就像一个婴儿吃到的母亲的初乳，成为一种最朴素、最甜美的滋养，它永远地融入了我的生命，我的一生都不会与它分离。

新教师要读一些经典的教育入门书。在刚刚走上教师岗位的最初几年，随着教育实践的展开，每一个新教师的心头都充满了各种困惑。越是热爱教师这个职业，越是有思想、有责任感的青年教师，往往产生的困惑越多。这时候，释疑解惑就显得非常重要。诚然，一些针对新教师的入职培训能够解决一些问题，但以聆听讲座、课堂观摩等为主要形式的常规培训并不能解决所有问题，甚至只能解决少数问题，更重要的还是靠青年教师本人的思考和摸索，包括借鉴一些前人的经验。这时候，青年教师下决心读一些经典的教育入门书是比较重要的。因为这一类书往往论述方式深入浅出，又都清楚地回答了教育实践中的一些核心问题、关键问题，让青年教师可以少走不少弯路。这一类书，除了我本人深受其益的苏霍姆林斯基的《给教师的建议》，还有洛克的《教育漫话》、夸美纽斯的《大教学论》，以及蒙台梭利的《童年的秘密》等。相对来说，这些书篇幅不长，论述方式比较生动活泼，可以算是世界教育史上公认的值得阅读的教育经典入门书。

新教师要读一些必要的有利于指导自身教育实践、增长教育教学智慧的书。很容易理解，对于大多数新教师而言，他们不缺理想，不缺激情，缺的是实践的智慧。当然，工作本身便是丰富实践智慧的过程。同时，借助周围的同事——尤其是一些优秀教师的实践经验，也是收效显著的一种学习方式。现在，优秀教师出版教育教学专著的越来越多，他们用生动的、富有现场感的文字记录着自己的实践智慧，包括曾经走过的弯路，曾经有过的困惑和迷惘，以及他们如何走过教师生涯的关键期，是哪些人、哪些书、哪些经历成为了他们成长之路的重要元素，这些对新教师而言极富说服力，也非常具有阅读与借鉴的价值。除了阅读优秀教师的专著，阅读一些有一定理论基础，同时又有丰富的实践案例的优秀教育教学书籍，可以从更高的层面上获得教育实践的智慧。

新教师要读一些能够开阔视野、完善自己知识结构的书。当下刚刚走上教师岗位的青年教师，绝大多数都具有比较完整的求学经历，在学科专业知识方面基本上不存在大的问题。但对许多新教师而言，他们曾受制于国内比较僵化的、脱离实践的高校教育体制，以及文理过早分科、专业学习老死不相往来的现状，这使得他们过去近20年的学习经历基本处在一个比较封闭的系统中，部分教师曾经经历过的教育实习也由于种种原因，效果非常有限，这就使他们中的绝大多数人都存在着比较严重的知识结构缺陷。而一个青年教师要成长为一个真正的优秀教师，没有完善的知识结构，没有开阔的阅读视野，是不可能在教育这条路上走得很远的。一个令人担忧的事实是，目前我接触到的不少青年教师，不但没有意识到自己知识结构的缺陷，从而通过阅读来加以弥补，而且他们的学习大都停留在技术层面，没有长远的眼光，在一些细枝末节上花费了大量不必要的时间和精力。但一个青年教师成长的时限是有定数的，就像一个孩子的身体和心理发育是有一个相对比较普遍的阶段性规律的。一般说来，在一个新教师入职的前三年，如果没有掌握基本的教育教学规律，没有找到适合自身特点的道路，那么他就在很大程度上错过了一个最佳蜕变期；随着时间的流逝，他将来成为一个平庸教师的可能性就比较大了。因此，刚入职的新教师要清醒地认识到自己知识结构的缺陷，有意识地通过阅读来不断完善自己的知识结构，这是新教师阅读的一个基本原则。循着这个原则，就可以找到自己应该读的书。

新教师要读一些能够让自己的学科专业知识更加精深的书。尽管大多数新教师的学科专业背景较好，但并不意味着其专业学习可以停滞。事实上，在大学中学习的学科专业知识与教育教学实践中需要的学科专业知识是两个不同的体系。我在上大学时学习的专业是汉语言文学，也学习了一些教育学、心理学方面的知识，但真正走上教师岗位担任了小学语文老师和班主任工作后，我才发现，在最基础的层面上，可以说大学专业知识学习中都涉及了，但好像又都没有切入教育的实质层面。因此，我在相当长的一段时间内都在千方百计地进行汉语言文学和教育学、心理学方面的专业学习。当然，这样的学习在大多数情况下都是借助于阅读。由于这样的学习紧密地与教育教学实践同步，因此学习效果可谓事半功倍。经过这些年坚持不懈的阅读学习，我的专业知识虽然远远谈不上精深，但我明显感觉到了自己的变化，那是一种缓慢发生的、持续向好的变化。

新教师要读一些能让自己的精神更丰富、更明亮的书。年轻教师的优势在于年轻，但这又同时是一种劣势。除了实践智慧不足，精神上的财富也十分有限。如果在刚入职的前几年没有着力在精神上丰富自己，就会很容易被繁杂琐碎的教育教学工作所淹没；如果没有从同伴或学习中找到突围的方式，就会很容易陷入失望、沮丧的深渊，有的甚至开始怀疑自己是否适合做教师。一个朝气蓬勃的年轻人还没有开始成长就已经衰老了，悲观了。因此，我总是建议刚入职的年轻的教师朋友们除了多一些教育以外的兴趣爱好，还要多读一些能让自己精神更加丰富、更加明亮的书。当一个教师的精神丰富了，明亮了，他才可能在课堂上展现出丰富、明亮的一面，他在面对学生的时候，才会展现出美好的光芒，照亮学生，让他们看到远方。

新教师还可以读一些身边的优秀教师正在读的书。从身边的这些优秀同伴身上，从他们的阅读视野中可以得到启发，看到不同的维度。在与同伴的共读中，可以获得对话的可能，寻找到共同的成长密码，有助于从同伴身上获取力量。这对于刚走出校门的新教师来说，也是一种学习人际交往、获得团队意识的基本训练。

教师阅读共同体的构建与价值

　　每个周五下午是我校教师的集中研修时间，其中有一个研修项目可以说是雷打不动，那就是以教师阅读交流为核心内容的"新师者论坛"，也是我校教师阅读共同体——"渐渐"教师读书会的汇报展示活动。每次活动都至少有两位教师作为主讲人，向全体教师介绍自己近期正在读的书，分享自己的阅读收获。每位主讲教师都事先做好精美的课件，以求达到最佳的讲述效果。每位主讲教师发言结束后，是听众点评和提问的环节，由主讲教师进行互动反馈。将自己的阅读感受与同伴分享，已经成为老师们的习惯，也是"渐渐"教师读书会的常规活动。事实上，通过"渐渐"教师读书会这几年的持续努力，每一个参与到读书会活动中的教师都从这样的经历中获益匪浅。

　　那么，对于教师个体来说，加入阅读共同体，成为其中的一员有何意义？与教师本人独立的阅读相比，加入阅读共同体的价值表现在什么地方？首先，我们绝不否认独立阅读的重要性，相反，我们特别看重教师的独立阅读，甚至认为在大多数情况下教师教育教学功力的增长来源于长期的独立阅读；但是，如果在独立阅读之路上有来自同伴的鼓励和启迪，也许可以看到不一样的风景，多一些坚持的力量，少走一些弯路。许多加入阅读共同体的老师都有这样的体会：如果与同伴共读一本书，就可以有效地克服懈怠，达到克期阅读的目的；尤其是在阅读一本坡度比较大的书时，团体共读就显得更加重要。参加阅读共同体的意义还有很重要的一点是，阅读共同体使每一个成员拥有了共同的学习经历，见证了彼此的成长，从而在拥有不同个性、不同知识背景、不同生活经验的成员之间逐渐形成了一种亲密的同伴关系，以及能够彼此理解的思想与话语系统。

了解了阅读共同体的意义与价值，我们还必须将阅读共同体的活动落到实处。怎样使阅读共同体的活动既不至于流于形式，又不至于遭到参加共同体的教师的厌烦？我认为，阅读共同体的活动既要有一定的必须遵循的规章制度，也要有一定的自主空间留给教师，同时还要有生动的、不拘一格的活动形式来不断激发教师阅读的积极性。我校在阅读共同体——"渐渐"教师读书会成立之初，制定了教师阅读章程，帮助每一位教师制定了三年阅读规划和一年阅读计划。在阅读章程中，阐释了参加阅读共同体的意义与价值，明确了阅读共同体的活动形式、活动时间与活动频率，以及每一位成员必须完成的基本阅读要求，提供了呈现阅读成果的参考形式，等等。同时，我们帮助学校每一位教师审视、反思自己的知识背景，围绕专业知识、教育理论和人文视野这三个板块寻找自己的知识空白，从而明确阅读的基本方向。在此基础上，我们帮助教师制定了长期和短期相结合的阅读计划，并为每一个教师创建了专门的阅读档案。设定长期阅读计划是基于对自身知识结构的清晰认识；短期阅读计划是帮助教师设计一个易于达成的目标，使阅读能够变成马上可以开始的实际行动；而阅读档案的建立，是帮助教师记录、收集、整理自己的阅读履迹，从而看到阅读究竟是怎样参与了自己的教师生涯，以及在这个过程中所起到的作用。当然，不论是制定阅读章程还是阅读计划，抑或是建立阅读档案，都是在教师自愿的前提下进行的。

那么，哪些书适用于阅读共同体的共读呢？我想有三类书比较适合。一类是经典图书，包括教育学、心理学和人文社科类的经典图书，这类书适合不同学科、不同知识背景的教师，比如卢梭的《爱弥儿》、弗洛伊德的《梦的解析》等。有些书不一定会直接对教育教学起作用，但教师可以在共读中完善自己的知识结构，同时保证了共同体中的每一位教师能在有限的时间内掌握基本的教育学、心理学方面的知识，开阔他们的视野。另一类是虽然不够经典但能够丰富教师知识底色的书。每一位教师都或多或少在知识结构上存在一定的缺陷，通过这类书的共读能够弥补在经典共读中未能涉及的某些领域，从而达到进一步完善自己知识结构的目的。还有一类是阅读坡度比较大的书。在共读中可以及时分享阅读体会，给同伴带来启发，从而在一定程度上降低阅读坡度；在共读中受到同伴的激励和鼓舞，对阅读这些坡度较大的书就充满了信心。除了这三类书，我们有时也可以观看某些电视电影，然后按图索骥，再去读那部电影或电视剧的原著，比如《廊桥遗梦》，比如《霍乱时期的爱情》。这样做不但降低了阅读坡度，而且当影视作品作为直观的东西与文学作品形成对照的时候，也更能让我们从中体悟到阅读的乐趣。

阅读共同体共读到一定的阶段，就到了收获的时候。我们要求每一位成员都要尽可能地呈现自己的阅读成果。成果的形式可以是各种各样的，比如读书随笔、读书摘记、读书交流的演讲稿或课件、发表读书随笔的报刊，等等。这些阅读成果都被收集到人手一册的教师阅读档案中。这就是在记录、收集、反思自己的学习经历和成长历程，这种意识是很重要的。

虽然教师阅读共同体是一个基于自愿、相对比较松散的组织，但并不意味着其活动品质就可以胡乱应付、勉强将就。除了阅读章程、阅读计划、阅读档案等举措外，阅读共同体还需要比较好的硬件、资金等方面的支持。比如，我校就把原来的接待室做了一番全新的装修改造，使它成了一个非常美丽的教师书吧。凡是来过我们学校的朋友都非常惊叹，校园里最美的两个地方都与读书有关：一个是目前被誉为国内最美的校园图书馆的爱丽丝绘本馆，另一个便是"渐渐"教师读书会的活动场所教师书吧。教师书吧的设计理念、细节，书籍的选择，甚至沙发、茶具、咖啡壶的摆放，都力求精致、优雅和温馨。这里不仅是一个共读的活动场所，也不仅是一个能找到好书的地方，我更希望每一个走进教师书吧的老师和朋友们，都能把这里当成是一个既能丰富、提升自己，又能安放身心的地方。

第四辑　为什么不能只读教育书

为什么不能只读教育书

　　1936 年 10 月，正在出访美国的胡适与他的学生吴健雄巧遇，事后他又写了一封信勉励吴健雄："……我要对你说的是希望你能利用你的海外住留期间，多留意此邦文物，多读文史的书，多读其他科学，使胸襟阔大，使见解高明。我不是要引诱你"改行"回到文史路上来；我是要你做一个博学的人。……凡第一流的科学家，都是极渊博的人，取精而用弘，由博而反约，故能有大成功。"[①]吴健雄当时正在美国求学，立志从事核物理方面的研究，后成为著名的核物理学家，被誉为"东方居里夫人"。从胡适对吴健雄的教诲中不难看出胡适的一个很重要的观点，那就是主张做学问不能只专注于某一个方面，学理科的人不妨读一读文史哲，学文科的人也不妨读一读自然科学，总之要做一个学识渊博的人，才能"胸襟阔大""见解高明"，才能有"大成功"。事实上胡适本人也是这么做的，他学贯中西，在文学、哲学、历史等诸多领域都有巨大成就，成为中国现代文化史上一个绕不开的人物，其中很重要的原因就在于，博览群书使他的学问绝不限于其中的某一个方面；反过来，学识渊博又使他在某一个方面的研究更加深入，更加卓有成效、见解独特，真正做到了取精用弘、博而返约。

　　由此，我想到教师的读书问题。教师也是做学问的人——做教

[①] 胡适：《龟兔之喻——致吴健雄》，出自胡适等著《读书与治学》，生活·读书·新知三联书店，2013年1月第1版，第377页。

育教学的学问，那么读书理当成为做学问的一个重要组成部分。我们都知道，教师应该读书，教师首先应该是一个读书人，这已是一个不需要争论的常识，但这里有一个问题需要思考：教师应该读些什么书？

有人认为，教师读书就是读教育教学方面的书；也有人认为，开卷有益，不论读什么，只要读就行了。其实，教师不同于一般的读者。一般的读者选择阅读书目可以完全凭兴趣，可以随心所欲，但教师的阅读却应有明确的"功利"目的，那就是：通过阅读完善自己的知识结构。这似乎不那么"时髦"——阅读怎能带有功利的目的呢？但教师阅读的"功利性"是由教师的职业属性所决定的。为人之师，本来就不是一个能随心所欲的职业，哪怕在读书这件事上也不例外。正如胡适的治学经验，一个教师若能博览群书，而不限于某一个领域，那么，他的教育教学专业发展将达到一个很高的水平。

这不仅是胡适的经验，大美学家朱光潜先生也有类似观点。他认为："宇宙本为有机体，其中事理彼此息息相关，牵其一即动其余，所以研究事理的种种学问在表面上虽可分别，在实际上却不能割开。世间绝没有一科孤立绝缘的学问。"所以，他认为读书"尤其是一种训练，一种准备"。作为教师来说，如果只读教育教学方面的书，势必会造成自己知识结构上的欠缺，出现大片的知识空白，致使教育教学成为一门"孤立绝缘的学问"：在知识容量上，没有做好足够的"准备"；在思维方法上，没有受到应有的"训练"。一个没有做好足够的"准备"、没有受到应有的"训练"的教师，站在讲台上，又何谈专业底气？

由胡适和朱光潜的话还可以继续思考教师的阅读兴趣问题。有的教师虽然不只是读教育教学方面的书，但读书只凭个人喜好，兴之所至，没有计划，对自己不感兴趣的书，哪怕明知其是公认的经典作品，也敬而远之。有兴趣地阅读当然是好事，但对于教师来说，阅读是一种"训练"和"准备"，绝不能只凭兴趣。事实上，真正在教育教学领域内取得成就的教师和学者，无不具有完善的知识结构。正是完善的知识结构开阔了一个人的思维与视野，打破了封闭，实现了贯通，避免了单一与确定，关照了多种生长的可能性。

因此，不论我们原有的知识背景如何，完善知识结构都应该成为每一个教师基本的读书方向。

忽又想起了胡适讲的一个故事，极为有趣：有一位朋友，有一次在灯下读小说，油灯装有油，但是灯芯短了，油灯就不亮了。这时他读小说正读到关键处，不能放下，怎么办？他忽然想到《伊索寓言》里的乌鸦喝水的故事，于是决定加点东西到油瓶中。可是加什么呢？他是懂化学的，于是加水于灯中，油浮了上去，终于碰到灯芯，油灯又亮了。胡适感叹这是看《伊索寓言》给这位朋友读小说的帮助。的确，如果不读《伊索寓言》，如何知道乌鸦喝水的故事，并从中受到启发？如果不懂化学，如何知道水会沉于油下，又如何会想到在油灯内加水使油上浮？如果油灯不亮只能放下小说，那么心中惦记着小说中未完的故事，又该是如何焦躁，如何挨过这漫漫长夜？这个故事告诉我们，通过广泛的阅读，掌握多种领域的知识，是多么重要，连对解决生活中遇到的实际困难都有帮助。因此，不论是做学问，还是着眼于现实生活，博览群书的好处都是可以预见的。

为什么要读经典

　　　　呈现在我们眼前的世界现实是多样的、多刺的，而且层层相叠。就像朝鲜蓟。对我们而言，在一部文学作品中，重要的是可以不断将它剥开，像是一颗永远剥不完的朝鲜蓟，在阅读当中发现愈来愈多新层面。①

　　这是伊塔洛·卡尔维诺认可的经典作品，十分形象、有趣的比喻：一颗剥不完的朝鲜蓟，不断地在我们面前展现新的层面。而这，正是经典作品的重要特征。

　　为什么要读经典？我想，再没有谁能比卡尔维诺更全面、更透彻地回答这个问题了。

　　　　经典是那些你经常听人家说"我正在重读……"而不是"我正在读……"的书。

　　　　一部经典作品是一本每次重读都像初读那样带来发现的书。

　　　　一部经典作品是一本即使我们初读也好像是在重温的书。

　　　　一部经典作品是一本永不会耗尽它要向读者说的一切东西的书。

　　　　经典作品是这样一些书，我们越是道听途说，以为我们懂

---

① ［意］伊塔洛·卡尔维诺著，黄灿然、李桂蜜译：《为什么读经典》，译林出版社，2012年4月第1版，第229页。

了，当我们实际读它们，我们就越是觉得它们独特、意想不到和新颖。[①]……

以上只是卡尔维诺给经典作品下的五个定义，其实他一共下了14个定义，分别从不同的角度诠释了经典作品的特征。对照他的定义，我反复思索，回忆着这些年自己读过的那些作品，我比较轻易地就将它们做了一次筛选，我发现如果我把卡尔维诺的14个定义作为一枚枚印章，有些书就会被打上至少一个烙印，于是它们就可以被称为经典。

的确，经典作品是值得读的，也许它与我们处在不同的时空，但它就是有这样的能力，可以拨云见日，让我们眼前的世界变得透明。

阅读经典让我们站在了高处。经典作品有一种助推力，我们借助这种力量可以攀爬过悬崖峭壁，从而得以站在山巅，俯视脚下，眺望远方。于是，我们不但看到了最美、最奇异的风景，也更加清楚地看见了以往那些风景的庸常，甚至此时此刻它们变得更加庸常。然而，你不但不会对那些看见庸常风景的过往感到失望，相反，你会心存感激——正因为这些过往，你才有了站在高处时的快慰与自豪。

阅读经典让我们不断地确立了自己的位置。每一部经典作品都是一个宇宙，广阔无边，自给自足。每一个读者在阅读这部经典作品的过程中，就在这个宇宙中确立了自己的坐标。你会看到自己身处何地，也会看到自己所站立的这个地方只是广袤宇宙中的一个

---

① ［意］伊塔洛·卡尔维诺著，黄灿然、李桂蜜译：《为什么读经典》，译林出版社，2012年4月第1版，第1—5页。

点，一个微不足道然而又实实在在的点。于是，你欣然地放下了所有的徒劳的挣扎，你开始意识到作为一个点的意义和价值，以及无限的延展性与丰富的变式。

阅读经典让我们从更加丰富的层面了解了自己的人生。经典作品在表现个体的同时展现的是某种普遍的意义，只不过它把这普遍的意义具象化了，流动化了，因而它可以把它的光芒折射到每一个阅读它的人身上，并且穿过每一个读者到达任何一个其他读者的身上。在感受这光芒的过程中，我们更加清晰地看到时光的流逝，以及这背后深藏的当时无法知晓的意义。它照亮了我们的过去、现在和将来，让我们感喟万分地回望着自己的过往，充满惊异地打量着自己的现在，并在平静与释然中遥望自己的将来。

阅读经典让我们终于找到了自己的代言人。就像卡尔维诺非常不同意把帕斯捷尔纳克的《日瓦戈医生》当成是日瓦戈医生的故事，他认为这个故事应该归入当代文学的一个大部门——知识分子传记，将人物置于中心地位，成为某一哲学或诗学的代言人。如果说日瓦戈医生成为帕斯捷尔纳克的代言人，成为作品所展现的那个时代的知识分子的代言人，那么，我们在阅读经典作品时，也是在寻找属于我们自己的代言人。一旦我们遇到了这样一部书，它就变成了"我的"书，它回应并确认了我们心中已经认可的东西，揭示了我们心中尚处于混沌状态的东西，它用生动的、强有力的表达让我们周围的人全部都能听见。

……

其实，阅读经典除了具有这些普遍意义上的好处之外，对教师来说，可能还多了一层对教育教学的启迪与指导意义。

在回答教师朋友关于教师应该读些什么书这一类的问题时，除了强调阅读的三个板块——专业知识、教育理论、人文视野，我还强调了一个观点：多读一点经典的书。甚至有很长一段时间，我一直呼吁"非经典不读"。这个观点的提出，除了经典值得读这种常规的原因之外，我还有一个想法：教师这一群体不同于一般的读者，其阅读水准应该在普通读者的基本水准之上，因此，教师的阅读应该从一开始便站在高处，即阅读大量经典作品，以进一步提升阅读品位。如果一个国家中教师的阅读沦为一般读者的平均水平，甚至不及一般读者的平均水平，将是一件十分可悲的事情——还有什么希望可言？

在阅读大量经典作品的过程中，教师这个职业先天的局限被打破了，它让我们冲出了重围，将我们置于一个个开阔的、纵横的无限空间之中。一旦我们学会跳出教育看教育，学会研究教育之外的领域再来研究教育，我们将更具创造性，也更具活力。所以，全身心地投入教育并不见得是件好事，从某种意义上说，这种生活束缚了我们，让我们把教育当成了全部。而阅读经典作品，让我们看到了更加丰富的人生层面——就像卡尔维诺说的那颗剥不完的朝鲜蓟，它还不断地启迪我们去探求，去行动，保持最初的兴奋。这种始终如一的兴奋之感对教师而言十分宝贵，它会变成一种强劲的动力帮助我们打破封闭，让我们的职业生涯避免倦怠。

一个大量阅读经典作品的教师就好比是一个优秀的向导，他知道智慧的门口在哪儿，去那个门口应该走一条什么样的路线，从而可以准确无误地把他的学生引领过去。我曾在一篇文章中举到一个例子：大数学家苏步青先生曾以十分感激的口吻，回忆在日本留学时师从著名几何学家洼田忠彦教授的那段经历。这位教授对他要求非常严格。有一次苏步青有一道几何题做不出来，就向洼田教授请教。教授没有正面回答他的问题，只给他推荐了一本书——沙尔门·菲德拉的《解析几何》让他阅读。苏步青面对这本足有两千页的厚厚的大书，不由得埋怨老师不肯具体指导，又发愁这本书何时才能读完。等终于硬着头皮"啃"完了这本书，苏步青才发现，他不仅自己解决了当初的难题，而且更重要的是，他掌握了终生有用的基础知识。在我们看来，洼田教授对苏步青的指导，似乎不曾用什么方法，面对学生的难题，他只是推荐阅读书目，让学生自己去解决。仔细想来，这就是为师的最高智慧。再继续往下想，我们就会发现，洼田教授是一个如此优秀的向导，他用经典的书为苏步青的数学研究指明了方向，甚至对苏步青的数学研究生涯也起到了至关重要的作用。假如洼田教授没有这么做呢？假如他不知道经典的书胜过一般的好老师，而像一般的好老师那样耐心讲解苏步青的难题，还会有后来的苏步青吗？很难说。

在讲述了以上那么多阅读经典的好处之后，我忽然想到可能并非所有人都认可或相信这些好处。那么，我推荐大家再读读卡尔维诺，他说了一个简单的理由：经典读了总比不读好。而且，在他著名的《为什么读经典》一文的结尾，他援引了法国作家乔兰的话："当毒药在准备中的时候，苏格拉底正在用长笛练习一首曲子。'这有什么用呢？'有人问他。'至少我死前可以学习这首曲子。'"

我曾经读过的那些经典

深爱木心说过的一句话："一本书如果能三次震动我，我就爱他一辈子。"回想这些年的阅读之路，能三次震动我的书何其多，让我爱一辈子的书何其多。这些曾多次震动过我而让我爱一辈子的书，在我的阅读书单中就是经典，是属于我的经典。他们是我生命的伴侣，以不同的方式、不同的角度，于不同的时间出现在我的生命中；他们彼此也会有一些争执，但最后都达成了奇妙的和解；虽然他们本身有很多不同的特质，但无一例外地都渐渐成为我身体和心灵的一部分，让我长成了今天的模样。那么，他们是谁呢？

他是加西亚·马尔克斯的《霍乱时期的爱情》。

我得承认，我依然爱读爱情小说，没有爱情小说陪伴的夜晚总是缺少了一些温馨的底色。我爱《飘》，也爱《廊桥遗梦》，更爱《霍乱时期的爱情》。这是一部伟大的爱情史诗，是马尔克斯"发自内心的创作"。他写尽了爱情的全部：隐秘、欢愉、羞愧、动荡……在跨越半个多世纪的漫长岁月中，爱的河流充满曲折，布满支脉，却始终流向唯一的方向。他不再魔幻，真实而又悲怆，残忍而又仁慈。能够把全部真相描摹出来，只因他是马尔克斯。

这是一部让我读完后整夜失眠的作品。岁月能够沉淀下来的东西，固然值得珍惜，而那些被过滤了的东西，正如出现在男主人公阿里萨生命中的女人们，又何尝不曾闪耀在阿里萨的生命里，为他带来欢愉，带来永恒的刹那之感？而且，我们又怎能要求每一个人都像阿里萨？在我看来，横跨半个多世纪的爱情已不再是爱情，阿里萨也许早已经爱上了自己的爱情。因此，虽然我是那么喜爱这部小说，却不太喜欢小说最后的结尾，因为阿里萨与费尔米娜相聚之时便是爱情死亡之时。

他是伊塔洛·卡尔维诺的《为什么读经典》。

为什么要推荐这本书？可用卡尔维诺本人的一句话来概括这个简单的理由："经典读了总比不读好。"卡尔维诺自己创作经典，还教人怎样见识经典。阅读这本书，一方面可以窥见这位大师的秘密书橱，另一方面可以领略这位大师是如何阅读其他大师的，这种受教实在难得。最令人难忘的是卡尔维诺关于经典的14个定义，再也没有人比卡尔维诺更懂得经典的意义，他几乎穷尽了人们从经典作品中可能获取的所有东西。多少人曾经试想过经典的"第15个定义"，但无论你用何等精炼、神妙的词汇，也不论你使用的是何种语系，你都会发现，你想给经典下的定义早已经被卡尔维诺说过了，概括了，你呈现的只不过是同一语义的不同表达方式而已。他的14个关于经典的定义给我们提供了一系列可资评判的标准，让我们面对一本书的时候可以找到它是否值得阅读的理由，而这几乎成为我这些年阅读方面的一把衡量标尺。后来读他的《如果在冬夜，一个旅人》，这部令人惊叹的迷宫似的神秘之作，也穷尽了我的想象，他用自己的作品在读者面前解释了他关于经典的那些定义。就这样，卡尔维诺远远地站在了高处。也许他站得太高，以致在他猝然离世前连诺奖也没有看到他。而他的作品，包括他关于经典的14个定义，也成为经典了。

他是木心讲述、陈丹青记录的《文学回忆录》。

阅读这本书就是在上文学课，但又比在任何文学课上听到的东西更加生动，更具个性。你不得不惊叹于木心先生的阅读视野，你会不由得产生强烈的自卑感：要论读书，你还差得远呢。他给你讲述古今中外文学史，不仅呈现了明晰的线索，还有丰沛的情感融入其中。假如你不知道应该读些什么书，可以参考木心的讲述；假如你需要得到一些阅读的指点，也可以参考木心的讲述。木心在开讲时曾告诉诸位听课者，虽然他要讲的东西"雷声很大"，但"……总能讲完，总能使诸君在听完后，在世界文学门内，不在门外"。果然，那些闻所未闻的妙语，直截了当的评点，一语道破，却又引人深思，充满了真知灼见。你才发现木心先生在国内文学界的"边缘化"是有道理的，正所谓木心本人所说："家禽出在大学，虎豹出在山野。"值得一提的是，陈丹青先生的听课笔记，有温度，有现场感，你甚至能听到木心的声音，看到他的额头和眼神，还有听课者们有所领悟时的莞尔一笑。想到这些听课者陈丹青们的幸运，真是令人嫉妒得发狂。后来，我去乌镇，木心先生晚年居住的故乡，在一片桨声灯影之中，在阵阵人声水声的喧哗之中，我想象着木心先生曾经坐在岸边的一条檐廊下，不知他是否会记起在纽约讲述文学史的岁月。如今，我读完几遍《文学回忆录》，虽不敢说站在了"世界文学门内"，但起码我跨进了一只脚吧。

他是杜拉斯的《写作》和《情人》。

是从这样一个故事开始阅读杜拉斯的：

> 我已经老了，有一天，在一处公共场所的大厅里，有一个男人向我走来。他主动介绍自己，他对我说："我认识你，永远记得你。那时候，你还很年轻，人人都说你美，现在，我是特为来告诉你，对我来说，我觉得现在你比年轻的时候更美，那

时你是年轻女人，与你那时的面貌相比，我更爱你现在备受摧残的面容。"[①]

这场景仿佛是一声惊雷，引我走进了杜拉斯的世界。

这场景出自杜拉斯的小说《情人》。最初读杜拉斯就是读她的《情人》，而读她的《情人》又是受电影《情人》的影响。电影中有一个镜头令我难忘：轮船行驶在茫茫的大洋上，海面上一片漆黑，在主甲板的大厅里，有人演奏肖邦的圆舞曲。此时此刻，女孩终于哭了，从投向大海的乐声中，她终于发现并确认了她的爱情，也终于意识到她已经永远地失去了她的情人。后来，我在读小说《情人》时读到了这个场景。从此，我爱上了杜拉斯，之后又读到了她的《写作》。《写作》是杜拉斯晚年的随笔集。她说，写作一开始就是我的地方，写作像风一样吹过来。爱情、孤独、身体、生命中某一瞬间的体验，都在她的写作中展现，像风一样自然，无孔不入，又无比坦率。她的文字充满潮湿，随着岁月散发出持久的、独特的气息。

他是梭罗的《瓦尔登湖》。

如果到一个孤岛，可以选一本书，我会带《瓦尔登湖》。

我发现面对这样一个命题，我们选择的书其实就是自己的一种人生期许，一种渴望理解和到达的世间永恒。对我来说，梭罗的瓦尔登湖，就是这么一个地方。这是一本充满智慧与宁静的书，这里有富有哲思与恬淡的心灵，有清新、澄澈的自然之源。四季的更替，景致的变换，素朴的自给自足的生活方式，构成了现代都市人

---

① ［法］玛格丽特·杜拉斯著，王道乾译：《情人》，上海译文出版社，2007年7月第1版，第3页。

心中无限向往的理想之国。它促使我们反思自己的来处与去处，以便在浮躁的世界中找寻心灵的宁静。也许，在我们每一个人的心中，都有一个瓦尔登湖，但要想抵达它，绝非是任何一个人轻易就能办到的事，现代社会尤其如此。梭罗说"人类正在静静地走向死亡"，这是他置身于瓦尔登湖时对人世的观望，在今天看来尤其具有警示意义。

他是泰戈尔《新月集》。

这是一本可以读一辈子的诗集。我极爱郑振铎的译本。这些年，它一直是我的枕边书。我曾一遍又一遍地吟诵着那些美丽的诗句，那是一束捧在手里的白茉莉，让我们想到童年美好的岁月，想到那些最初的、纯净得没有任何杂质的情愫。

在我有限的阅读视野内，我认为泰戈尔的《新月集》是一部现代儿童诗歌的巅峰之作。当我第一次读到泰戈尔的《新月集》时，我就想，如果没读过泰戈尔，对爱诗的人来说，是一个巨大的遗憾；对学生来说，是一种不该有的损失。我曾带领孩子们阅读泰戈尔，甚至在公开课上执教过泰戈尔，我想让孩子们看看真正的诗是什么样的，真正经典的作品是什么样的。虽然现行小学语文教材中有不少优秀的古典诗词，但经典的现代诗歌却几乎是一片空白。在这种情况下，补充一些经典的现代诗歌作为教材就成为一种必需，想到泰戈尔和他的《新月集》也成为一种必然。但每次真正要把这个想法付诸实践的时候，我又非常犹豫，生怕教学的任何不恰当会破坏了泰戈尔诗歌纯美丰富的意境。毕竟，泰戈尔的诗歌无论是内容还是艺术表现手法，都实在太高妙了。但是，我想如果我们不能在教学中给学生阅读泰戈尔一些好的指点，那就不要指点，就只让他们读一读吧。

他是苏霍姆林斯基的《帕夫雷什中学》。

什么是好的学校，什么是好的教育，什么是好的教师，在这本书中都可以找到答案。令人惊讶的是，在20世纪中叶的乌克兰，在那所条件并不优越的乡村学校，苏霍姆林斯基与他的教师团队，已经把教育做到了那样的高度，以至于在当下的中国教育工作者看来，那几乎就是一个教育的童话。自20世纪90年代以来，世界各地的教育工作者纷纷来到帕夫雷什中学，他们都想亲眼看一看苏霍姆林斯基曾经工作过33年的学校，都想亲眼看一看这个"取之不尽、永不枯竭的教育智慧的源泉"。作为一个教师，我希望有机会也能够亲眼看看这所演绎过童话般教育故事的学校，看一看苏霍姆林斯基和他领导下的那个了不起的教师团队曾经工作过的地方，感受一下他们曾经呼吸过的空气；我更想看看那些绿色的山峦，紫色的云霞，当年它们都曾经映入一双透射着无限悲悯与慈爱的深邃的眼睛里……因为在我的心里，他们是真正意义上的好教师，他们撑起的是真正意义上的好学校，他们做的是真正意义上的好教育。

他是圣·埃克絮佩里的《小王子》。

这是一部儿童文学作品，也是写给成年人看的童话，用作者圣·埃克絮佩里的话来说，是写给"还是孩子时"的那个大人看的文学作品。整部作品氤氲着淡淡的忧郁，丝丝的哀愁，用明白如话的语言写出了引人回味的哲理和令人感动的诗意。无论你是否喜爱童话，无论你是否早已度过了自己的童年，也不必计较你从事何种职业，在这个星球的哪一个角落生活，我都建议你，读一读这本薄薄的小书——《小王子》。最让我深有感触的是书中那个酒鬼的故事。酒鬼为自己总是喝酒而感到羞愧，他想到了忘记羞愧的办法，那就是在喝酒中忘记喝酒的羞愧。于是，他的面前永远摆着一堆空酒瓶和一堆装得满满的酒瓶。其实，酒鬼的痛苦正是我们大多数人的痛苦。我们的痛苦就在于，感受到了痛苦却无法从痛苦的根源中解脱，而这个痛苦的根源，无非是形形色色的欲望。不能战胜欲望，就注定在痛苦中沉沦。

我不知道有多少人能够参透酒鬼的故事。也许我们的孩子和小王子一样无法理解——这篇童话原本是写给"还是孩子时"的大人看的书，但我愿意给他们讲述这个故事，也许终有一天，他们能够明白。只是不知那些读过这个故事的大人们，他们的心是否已经归于平静？

他还是纪伯伦的《先知》和《沙与沫》，还是康·帕乌斯托夫斯基的《金蔷薇》，还是凡高的《亲爱的提奥》，还是高尔泰的《寻找家园》，还是鲁迅的《朝花夕拾》……我经常想念他们，就像想念川端康成笔下的伊豆的舞女，想念彼得·梅尔笔下的普罗旺斯——那也是凡高笔下的普罗旺斯，于是渴望在梦中看一眼那田野，那杏树，那大片的薰衣草和葡萄园，还有那些永远不守时的可爱的人们。

也要读一读二流的书

　　谈了那么多读经典书籍的好处，甚至在很长一段时间内我一直呼吁"非经典不读"，其实强调的是把有限的时间和精力放在最值得阅读的书籍上。但这是否意味着一个阅读者终其一生都只是阅读这些经典的书呢？我以为不然。读经典的书需要漫长的过程，但书读到一定的程度就有必要读一点非经典的书，比如二流、三流的书。个中原因可借用台湾学者唐诺的话来说明：

> 　　我以为台湾应该到了大量阅读"二流好书"的时候了，因为只读最顶尖的寥寥好书，是标准的业余性阅读的象征，是幼年期阅读社会的象征；开始往更广大的下一层书籍去，才是专业性阅读的建构，个人的实践是如此，社会整体的实践亦复如此。[①]

　　在这里，唐诺把只读经典书籍看作"标准的业余性阅读"，是"幼年期阅读"。那么，"专业性阅读"或"成熟期阅读"应该是怎样的呢？按照唐诺的说法，除了一流好书，还要读一读那些二流好书。当然，唐诺所说的无论是一流好书还是二流好书，都跑不了"好书"的范畴。唐诺举了一个例子，比如阅读托尔斯泰，除了必读《战争与和平》和《安娜·卡列尼娜》，一定还要读一读《复活》，因为前面两部作品堪称经典，代表了托尔斯泰的最高成就，而《复

---

① 唐诺：《阅读的故事》，上海人民出版社，2010年8月第1版，第182页。

活》虽是一部"失败之作"，但它却道出了托尔斯泰的"梦想、抉择、烦恼和生命变化"，这些都远远超出了《战争与和平》和《安娜·卡列尼娜》能够告诉读者的东西。

我十分认可唐诺的这一说法。这种观点给我们的启示是，在阅读人文书籍、教育理论书籍和专业知识书籍时，在阅读了那些经典好书之后，我们还应该有意识地拓展自己的阅读视野，再读一些其中的"二流好书"，尤其是对同一作者，把该作者不同时期、不同主题的书尽可能地全部阅读一遍，可以比较全面充分地把握其思想、观点的发展脉络，并在这个过程中培养更加卓越的思维与判断能力，提高自己的阅读品位。比如，前些年我在研究苏霍姆林斯基的教育思想，首先阅读了他最重要、也是在我国影响最大的书《给教师的100条建议》，又读了《我把心给了孩子们》《公民的诞生》等，直到最后把他在我国出版的所有书籍都读了一遍。我发现苏霍姆林斯基的著作虽然整体水平很高，对我有着巨大的启发和教育价值，但在他浩如烟海的著作中也会有内容的重复，时代的印记在他的著作中也不可避免地出现，从而在一定程度上削弱了他的著作的普适性与说服力。因此，后来我在各种场合给一线老师推荐苏霍姆林斯基的书籍时，都会简单地排列一个阅读的顺序：从《给教师的100条建议》到《帕夫雷什中学》，再到《公民的诞生》和《我把心给了孩子们》，最后到《怎样培养真正的人》和《和青年校长的谈话》。至于《全面发展的人的培养问题》《年轻一代共产主义信念的形成》等，只要大体翻阅一下就可以了，没有必要再去精读。在我看来，如果说《给教师的100条建议》《帕夫雷什中学》《我把心给了孩子们》属于一流好书，那么苏霍姆林斯基的其他著作就是二流好书了。当然，这样的说法只是我个人的判断，不是权威，更不是唯一的正确答案。也许，苏霍姆林斯基的这些著作对每一个教师的启迪意义都不一样，自然所谓"一流好书"和"二流好书"也只是一个因人而异的相对概念。

对于一个致力于提高教育理论水平的阅读者来说，把一位作者所有的著作都读完，是一种非常重要的阅读原则和研究方式。这一点对我本人来说可谓受益匪浅，我撰写的两部教育畅销书《跟苏霍姆林斯基学当老师》和《跟苏霍姆林斯基学当班主任》就是例证——如果没有对苏霍姆林斯基著作的全面阅读和把握，我绝没有底气去写这样的书，也无法在书中表达那些有意思的、对一线教师有一定启迪意义的观点。

同样，在某一个更大范畴的研究领域，读一读二流的书也是适用的。比如，这几年我研究语文教材，在浏览了国内流传最广、使用范围最大的教材版本之后，我自然对几个版本的教材质量有了一个初步的判断（这为我向一线教师介绍教材的使用提供了极大的便利）：哪些是一流的教材，哪些属于二流教材，甚至相形之下哪些教材沦为三流了。但是，不比较又如何知道这些呢？所以，有些老师被动地教着发到自己手中的教材，却没有把眼光略略抬起来，看看别的版本，或者国外的教材，而由此失去了基本的判断能力，其教学水平也就打了很大的折扣。在认真研读了国内各个版本的语文教材后，我又开始研读美国、日本甚至民国时期及台湾地区的语文教材，我发现，我前面所得出来的关于"一流教材"与"二流教材"的判断，必须重新洗牌，重新划分。这就是不断拓展阅读视野的结果：在阅读中学会判断"一流的书"和"二流的书"，本身就是一种阅读能力，也是阅读的重要收获。

所以，虽说是"非经典不读"，但书读到一定的境界，就到了读一读二流好书的时候了。

阅读为什么要有坡度

经常有老师问我"要读些什么书"这样的问题。虽然各人的知识背景不一样，为弥补知识结构起见，要读的书自然也不一样；但对于教师来说，有坡度的阅读是一条重要的阅读原则。

所谓坡度，实际是指难度；所谓有坡度的阅读，是指书目的选择必须对自己具有挑战性。"有坡度的阅读"这个名词的出现，是基于这样的想法：真正有价值的阅读应该犹如爬坡，不费相当大的力气就不能到达顶峰，甚至费了相当大的力气也不一定能到达顶峰。这样的阅读就是有坡度的阅读，也只有有坡度的阅读才能真正对教师的专业成长有用。反之，那种平地踏步、平面滑行的阅读，无论耗费多长时间，都不可能最终爬上顶峰。这种阅读当属无坡度的阅读，我将其称为"平角式的阅读"。

大体说来，有一定难度，内容或叙述的角度比较新颖，能够引发思考，开阔思路，或者导致困惑的书都值得阅读。这样的书因难度不同，在坡度上就有区分，在阅读时花费的时间和精力也不一样，但都属于有坡度的阅读。相反，那些读起来非常"舒服"，与自己"一拍即合"，可以一目十行的书都不值得花费太多的精力和时间，这种阅读属无坡度的阅读，即平角式的阅读。平角式的阅读更适用于一般读者，却不适用于教师。这是因为教师的阅读不完全是一种享受，或者主要不是享受，教师的阅读更多的是一种提升，一种丰厚，一种转变。这就意味着教师的阅读不应该总是那么轻松，至少不应该像一般的读者那样常常只把阅读当成一种简单的乐趣罢了。

是否进行有坡度的阅读关乎一个教师的阅读品质。一个总是沉湎于平角式阅读的教师，由于其思维与视角长期在一个平面上滑行，其知识视野、思考能力必然受到很大的局限，而教师这个职业又恰恰是那样需要教师不断地丰富与提升自己。从这个角度来看，有坡度的阅读就是在不断地提升教师的阅读品质，使之在有限的时间内获得阅读的最大收益。这种成本的考量是教师成长的必然要求，何况在平角式阅读的视野内，并不会有那么多的作品堪称经典，值得我们花费时间。

莫提默·J·艾德勒和查尔斯·范多伦在《如何阅读一本书》中多次提到，"一个好的读者也是自我要求很高的读者"①，一本轻松的、用于消遣或娱乐的书可能会给我们带来一时的欢愉，但除了享乐之外，再也不可能期待其他的收获。因为阅读这样的书，我们也许获得了一些讯息，但却没有获得心智的成长。我们没有因为阅读变得更有智慧，更加懂得生命的深意。因此，我们必须对自己提高要求，尽可能选择那些超越了我们能力的书，也就是坡度比较大的书，不断挑战自己，不光变得更有知识，更重要的是变得更有智慧，成为一个真正的智者。我们只有不断登上一座座峰顶，才有机会领略到宇宙中最美丽的风景，才会对人类生命中那些永恒的真理有更加深刻的体认。

无限风光在险峰，这是爬坡的意义，也是阅读的价值。

---

① 莫提默·J·艾德勒、查尔斯·范多伦著，郝明义、朱衣译：《如何阅读一本书》，商务印书馆，2004年1月第1版，第292页。

怎样读一本有坡度的书

其实，在很多时候，我们之所以读不懂一本书，不光是因为语言表达的不习惯，归根结底是知识背景的问题。林语堂先生甚至说："须知世上绝无看不懂的书，有之便是作者文笔艰涩，字句不通，不然便是读者的程度不合，见识未到。"[①] 那些"文笔艰涩，字句不通"之类的书姑且不去管它，一本书若真读不懂，按照林语堂先生的说法，其实还是读者的知识背景出了问题。如果一本书的内容足够丰富，见解又十分独到高明，必然涉及方方面面的知识，它本身便对阅读它的人提出了要求：它需要具有同样丰富知识的读者，需要能够理解它、呼应它的独到高明见解的读者；反之，如果这个读者知识寡陋、见识短浅，就不能与这本书形成对话，达成理解。

那么，遇到这种读不懂的书怎么办呢？按照林语堂先生的说法，选择兴味与程度相近的书来读，可以无师自通，或偶有疑难，未能遽然了解，涉猎自久，自可融会贯通。所以，他主张要常看，坚持看，一次不懂，两次不懂，三次就懂了。我想，这自然是一种破解难书的方法，但比较适用于阅读那些坡度不太大的书籍；如果一本书对这个读者来说阅读坡度太大，但又非常重要，非读不可，怎么办呢？我比较认可胡适先生的说法：

---

① 林语堂：《读书的艺术》，出自胡适等著《怎样读书》，生活·读书·新知三联书店，2012年10月第1版，第45页。

有许多书，我们读起来是不懂的。一定要读了许多别种书，才能读得懂这本书。所以要读懂这本书，便要读旁的许多书了。先读的许多书，好像是种工具。不读书便不能读书，要能读书才能多读书。[①]

也就是说，我们遇到读不懂的书，应该首先以这本书的内容为核心，读一些与之相关联的其他书，这许多其他书读懂了，就掌握了一些读懂这本书的工具。胡适先生还举了一个例子来证明自己的观点：

　　譬如读《诗经》，倘使先读了古今中外的许多歌谣，便觉得《诗经》好懂得多了；倘使读过社会学、人类学，那就懂得更多了；倘使先读过文字学、古音韵学，也可懂得更多，倘使先读过考古学、比较宗教学等，懂得也更多。总之，你读过的书越多，你懂得《诗经》也更多。[②]

原来，要真正读懂一本《诗经》，还需要掌握那么多工具：社会学、人类学、文字学、古音韵学，甚至还有考古学、比较宗教学，等等。其实，从一本书走向另外一本书，乃至于走向另外许多本书，就是一个不断拓展阅读、拓宽知识背景的过程，在这个过程中，我们渐渐地接近了这本坡度比较大的书的实质与真相。一旦真的抓住了这本书的实质与真相，我们就站到了一座更高的山峰上，从而得以看见更远的风景。

---

① 胡适：《为什么读书》，出自胡适等著《怎样读书》，生活·读书·新知三联书店，2012年10月第1版，第14—15页。
② 同①，第16页。

我想到了自己的阅读经历。十多年前，我第一次读到美国课程论专家小威廉姆·E·多尔的《后现代课程观》，几乎不知所云，因为我从来不曾见过有学者可以站在如此开阔的视野下看待教育，看待课程。多尔的宏观、综合的研究视角，严密的论述结构与充满张力的表达方式，都给我构成了强大的挑战，我已有知识背景的局限给我的理解造成了很大的障碍。但我没有放弃，这些年常常在反复阅读此书。同时，我也读了许多其他的教育理论经典，更读了不少人文社科类书籍。不知从什么时候起，再读《后现代课程观》，我渐渐地读出了个中真味，以至于它在很大程度上影响了我后来对教育教学的理解和实践。我想，这种阅读坡度的降低，当然不是书本身发生了变化，而是我的阅读视野不断开阔，知识背景不断丰富的结果。

之前我读一本讲述《易经》中数理知识的书，发现这本书的阅读坡度对我来说近乎直角，原因是我那点可怜的中学数理知识完全不足以读懂这本书，又由于这些数理知识对我来说不是那么迫切地需要掌握，也就暂时放下了。我不知道自己是否还有机会学一点高等数理方面的知识，有能力、有精力读一点高等数理方面的书，否则这本讲述《易经》数理知识的书将与我缘尽于此。

其次，我们阅读一本坡度比较大的书时，可以有选择地读一些章节，不一定每一页都读。比如，选取一些对自己而言相对比较容易理解的章节来读，尝试梳理其中的主要概念，再从这些概念出发，尝试阅读理解这本书的其他内容，也许慢慢就将这本书的主要内容串联起来了。对那些各章节之间内容联系不太紧密的书，则可以根据个人需要先重点攻读其中的某一个章节，看是否能略有收获。

再次，我们阅读一本坡度比较大的书，本身就是对自己提出了比较高的要求，因此一定要心平气和，不要认为你付出了心力就一定能够完全掌握。正如莫提默·J·艾德勒和查尔斯·范多伦在《如何阅读一本书》中告诫我们的："无论你多么努力，总会有些书是跑在你前面的。"① 明白这一点，对哪一个读者而言，都是重要的。

---

① 莫提默·J·艾德勒、查尔斯·范多伦著，郝明义、朱衣译：《如何阅读一本书》，商务印书馆，2004年1月第1版，第292页。

给
教
师
的
阅
读
建
议

第五辑　怎样写读书随笔

不会读就不会写

有一位青年教师来信向我诉说他的苦恼：他不会写教育教学论文，提起笔来脑子里空空如也，不但没内容可写，即便脑子里有一丝火花闪过，也不知道该以怎样的表达方式把它清楚地记录下来。

其实，他的苦恼绝非个例。当下对不少老师来说，不会写作是一个很大的问题。他们不会写论文，不会写教育叙事，也不会写课题研究报告。每逢遇到学校布置的关于写作方面的任务，这些老师就头痛不已，往往绞尽脑汁也写不出什么东西来，简直认为天底下最痛苦的事莫过于写作。有时，我看一些老师写的论文、教育叙事或课题研究报告，常常可以感受到他们写作时的痛苦：在资料匮乏的情况下要说明观点，在逻辑混乱的情况下要有说服力……这些都是写作的尴尬。这些年，作为一个出版了几本书的人，经常有老师问我是怎样进行教育写作的，为什么会有那么多东西好写，而且写的东西还比较受老师们的喜欢。其实，我的答案是：唯思考与阅读而已。可以说，思考与阅读是教育写作的必要储备，没有这两种必要储备，教育写作就无从谈起。

对一线老师来说，大量鲜活的教育教学实践是最宝贵的财富，也是进行教育写作最丰富的、取之不竭的源泉。作为教育写作的基本材料，随着岁月的流逝，它们越积越多，像一堆巨大的沙砾，没有光泽、庞大、繁杂、粗粝而又素朴。但是，我们如果能够借助于思考——长年的坚持不懈的思考，就可以拂去上面的积尘，看到这一堆沙砾之中闪烁着的迷人的光芒，从而受到激励拿起笔把它们描摹下来，并且让更多的人感到惊喜。而在现实生活中，并非每一个老师都能看到沙砾之中闪烁的光泽，因为他们不会思考，也就没有能力能把上面的灰尘拂去。可以说，对大多数老师而言，大脑长期偷懒所造成的思维锈蚀，成为不会写作和无法写出有价值的东西的重要原因之一。

除了上述原因，以我个人粗浅的经验来看，不会阅读或者很少阅读是相当一部分老师不会写作的另一个重要原因。简单地说，我认为不会读就不会写。阅读与写作之间有着非常重要的因果关系，阅读不仅让教师学会写作，而且让教育写作走向开阔与丰富。

谈到阅读对写作的影响，章衣萍先生说：

> 读书供给作文只有两方面的用处：一方面是思想方面，我们可从书中懂得世间各方面的真理，人生各样的真相。一方面是技巧方面，我们可从古今各大家的文章上学得他的词句的美丽和风格的清高。[①]

的确，这个道理是显而易见的，阅读就是一种学习。教师在大量的阅读中可以学会基本的写作方法、表达技巧，就像我们鼓励学生进行阅读，告诉他们阅读可以帮助他们写作一样。其实，在阅读中不仅会领略到写作方法和表达技巧，还有与文本进行的精神对话和心灵启迪，这些将融化在我们的血液中，成为一种滋养，让我们的精神丰富起来，心灵也会呈现出无限敞开的状态。那么，当我们写作时，我们的文字也必然是丰富和敞开的，这就在很大程度上避免了文字的枯涩与窄闭。因此，我们可以这样说，凡是不会写或写

[①] 章衣萍：《作文与读书》，出自胡适等著《怎样读书》，生活·读书·新知三联书店，2012年10月第1版，第89页。

不好的人，归根结底是阅读太少或不阅读之故。事实上，看看我们周围的那些在写作方面表现优秀的老师，我们就会发现，他们不光是优秀的写作者，更是优秀的阅读者和思考者。

另外，阅读视野的开阔可以让教育写作左右逢源，使文章不仅具有强大的说服力，而且会呈现出独特的视角，以丰富阅读者的学识，让阅读者受益匪浅。比如，我曾经带领老师们进行文本解读研究，一起解读了小学语文教材中《夸父追日》这个文本，正是依赖于我们针对这个故事而展开的比较广博的阅读，在写作文本解读研究成果的时候，给一线老师呈现了他们一时难以找到又十分具有启发意义的资料和观点：

> 我们找到了一些讲述"夸父追日"这个故事的资料，如《山海经·海外北经》《山海经·大荒北经》《列子·汤问》等，但我们发现这些资料中都没有提到夸父追日的确切动机。我们再联系人教版小学语文三年级下册教材，发现教材作者对夸父追日的动机是有交代的，那就是对光明的追求，追赶太阳，就是追求光明。这种观点也是后人在试图理解夸父追日这一行为时的普遍看法。由于后世诗文资料并没有对夸父追日的故事作出更多的改写和创编，因此，这就给后人理解夸父追日的动机提供了更多的空间……

当我写下这个不断在阅读中探索追寻的过程，记录下这些从阅读中受到启迪而产生的观点时，我深深地感到阅读的力量，它让教育研究和教育写作变得开阔、丰富而又充满说服力。

也就是说，如果不会写的话，就是你该拿起书本的时候了。

阅读与写作是美丽的双翼

读书、教书、写书，这是我在 20 年的教师生涯中一直在做的三件事。

这些年不断外出讲学，与全国各地的教师朋友交流最多的也是这三个话题。经常有教师朋友问我：你成功的关键是什么？其实，我所谓成功的关键便是找到了一条不同于其他教师的成长之路：除了教书，我还花费了大量的精力去读书和写书。教书给我的读书提出了最直接的动力和诉求，也给我的写书提供了最丰富、最鲜活的灵感和素材；同时，不间断地读书和写书又反过来极大地提升了我教书的能力。可以说，读书、教书、写书三者互为因果。这样的良性循环成为我教师生涯的主旋律，也是我为自己开辟出来的一条充满艰辛与快乐的行走之路。

但一个人要找到一条属于自己的路，并不是一件容易的事。我并非先知先觉，在寻找这条路的过程中也有过迷惘、困顿的时候。怎样走出这些大大小小的低谷？我的经验是：一个人要学会为自己开辟道路。

教师生涯中最重要的遇见

很多年前，那个懵懵懂懂的女孩刚走出校门，又踏进了校门，她由一个爱做梦、爱看电影、爱打扮、爱写诗的女生变成了教师。教师工作的繁杂和与此俱来的茫然，使她对自己产生了深深的怀疑。可是，很幸运地，她读到了一本书，遇见了一个人。那是《给教师的建议》，作者是一个叫苏霍姆林斯基的教师。

这是她教师生涯中最重要的一次遇见。她第一次看到世界上竟有这样的教育，这样的教师，她第一次发现教育是如何作为一种信仰融入一个人的生命，她第一次意识到做教师原本是一件美好的事情。她又重新开始做梦，她想做一个像苏霍姆林斯基那样的教师！

——摘自《为了爱孩子，我们做教师》，《教师月刊》2009 年第 1 期。

这个幸运的女孩就是我。

1991 年，我大学毕业走上了教师岗位。直到今天，在反复阅读了苏霍姆林斯基的著作，比较系统地研究了苏霍姆林斯基的教育思想体系，甚至写完了《跟苏霍姆林斯基学当老师》《跟苏霍姆林斯基学当班主任》这两本书之后，我依然为自己当初的遇见——更为这些年在研读苏霍姆林斯基的过程中那些不断的遇见，而倍感惊喜和幸运。也就是从那个时候起，我开始阅读苏霍姆林斯基，学着苏霍姆林斯基写一些教育故事。多年之后，我才知道我写的这些教育故事叫"教育案例"或"教育随笔"。后来，我开始不甘寂寞，漫无目的地给各类教育报刊投稿。于是，大量的教育故事陆续发表了，我的名字开始频频出现在各种教育报刊上，我逐渐有了一点小名气。以我现在的眼光看来，那些文字自然是十分清浅的，也不乏天真和幼稚，但这是一个青年教师不断成长的履迹，充满了率真、热情与激昂。这些文字中的绝大部分，后来都收录到我的第一本书——《牵到河边的马》之中。可以说，若没有那个时期的摸索式写作，就没有这本书的出版。

在这个时期，《教师之友》杂志社原主编李玉龙老师给我的鼓励最多。他总能一针见血地指出我在教育教学理念与实践以及教育写作过程中出现的问题，并给我提出良好的建议。应该说，这是我的教师生涯中又一次重要的遇见。

多年之后，我不断地被追问：你是怎样走上教育写作之路的？若要追根溯源的话，正是这些美好的重要的遇见使我尽快走出了一个新教师最茫然无助的时期，它们引导我走上了教育写作之路，走上了教育研究之路。

公开课上的磨砺与成长

在大量撰写教育故事的过程中，我观察学生的眼光逐渐发生了变化，我思考课堂的维度与深度也跟以前不一样了。随着作品的不断发表，我开始有机会上公开课了。如果说日常教学让我获得了许多琐细而平和的愉悦，那么在公开课的舞台上，我获得了一种教书的高峰体验。应该说，我长于写作，但我又可以自豪地说，我也是在公开课的舞台上摸爬滚打过来的。我一直有个不太成熟的想法：一个不能在课堂上展现自己对教育教学的理解与思考的教师不是真正的名师，一个真正的名师不应该惮于将自己对教育教学的思考与大家分享。公开课便是一个重要的舞台。因此，我不拒绝上公开课。在做一线教师时，我为自己争取各种机会上公开课；在做教研员之后，我上的每一节课都成了公开课。

虽然并不是每一次公开课都能够获得认同，但上公开课的经历却加速了我的成长。2002年，我被评为特级教师。这是我教师生涯中一个重要的标志性事件，我开始对自己提出更高的要求，其中当然包括要求自己在课堂教学上能有大的突破。于是，我先在自己的班里做了各种尝试和探索，再争取在各级各类教研活动中执教公开课。这种"争取"自然有某些浅薄的虚荣心的成分，但渴望走出封闭的空间，渴望获得更开阔的视野，是我当时内心深处最迫切、最真实的需求。我甚至不知道自己究竟要走向何方，我究竟想成为一个怎样的教师，我只是想，要突破自己，要化茧为蝶，要行走，要向上，不断地向上……

在这个不断自我挑战而又充满焦灼的时期，我成为《中国教师报》的名师专栏作者，也开始迷恋起公开课的舞台。这些年，我逐渐走遍了全国。我把公开课教学看作是日常教学生活中的一次次自我突围，看作是一次次心灵的自由开放。我执教的公开课，有许多成功的范例，也有不少失败的"样本"。但不论是成功还是失败，给教学提供一个可资研究的案例，就是公开课的价值。我为自己有能力、有机会不断创造这种价值而自豪。

给自己插上飞翔的翅膀

读书与写书，是我给自己插上的一双翅膀。

这些年，我除了教书，也不断读书和写书。我从苏霍姆林斯基读到卢梭和杜威，从教育理论经典走进开阔的人文领域，我在广博的阅读中不断完善着自己的知识结构，不断丰富着自己的知识底色。与此同时，我开始了一种崭新的写作形式——读书随笔，这是最好的将读书与写作结合起来的方式。从 2004 年起，我开始集中写作读书随笔，这些读书随笔均以较大篇幅在《中国教育报·读书周刊》上发表，并迅速被一些教育网站和个人博客转载。那些文字充满了真情与个性，受到一线教师的普遍欢迎。2008 年 1 月，《教育阅读的爱与怕》由华东师范大学出版社大夏书系出版，而书稿的基本组成部分，便是我这些年写作的大量读书随笔。也是在这个时期，我提出了"读书就是生活"的理念，倡导"读书像呼吸一样自然"的生活方式，并于 2006 年年底，被《中国教育报·读书周刊》评为"推动读书十大人物"之一。

2008 年春天，我开始着手写一本新书——《跟苏霍姆林斯基学当老师》。于是，我站在一线教师的立场，结合这些年自己对苏霍姆林斯基教育思想的研究，紧密联系当下中国教育的现实做了一些思考。在经过了十分浩繁的案头准备工作之后，我花了两个多月的时间完成了这本书的初稿。2009 年 1 月，此书由大夏书系出版。一经面世，便引发热销，成为 2009 年度中国教师用书的畅销书。一线教师的欢迎给了我莫大的鼓励，我开始继续挖掘苏霍姆林斯基的教育思想，并开始写作另一本新书——《跟苏霍姆林斯基学当班主任》。如果说《跟苏霍姆林斯基学当老师》是站在一个非常开阔的背景下去研究、展现苏霍姆林斯基的教育思想与中国教师面临的处境，着力探讨的是如何做一个好老师，那么，《跟苏霍姆林斯基学当班主任》的关注点则更加集中，着力研究、探讨的是如何做一个优秀的班主任。此书于 2010 年 6 月由教育科学出版社出版，并迅速成为全国各地班主任培训的重点推荐书籍。

在这样不断的读书和写书的过程中，我的"专业"——小学语文教学也逐渐走向成熟。2010 年 5 月，《我负语文——特级教师闫学的教学艺术》由福建教育出版社出版。此书集中展现了这些年我在语文教学上的探索与思考，并成为《中国教育报》暑期教师阅读推荐书目之一。

之后，我又开始着力进行文本解读的研究，并完成近 30 万字的书稿，这就是后来的《小学语文文本解读》。这样的研究和写作犹如爬山，但当你经过了艰苦的跋涉终于攀上顶峰的那一刹那，所有的辛劳都化作了一种美好的快慰，这种体验让我迷醉，可能这也是我这些年不肯停笔的原因吧。

读书、教书、写书，就这么走下去。

怎样写读书随笔

　　这些年，我写了大量的读书随笔，粗略估计，共有六七十万字。这些读书随笔内容多样，有阅读教育类书籍时写的，也有阅读人文类书籍时写的，还有一些是阅读学科教学专业类书籍时写的。把阅读和写作结合起来，可以说是我读书的秘诀，也是我认为最有效的读书方法之一。当阅读和写作结合起来，那些在阅读时引发的思考会更加深入，更加全面，更加透彻，甚至会引发一些阅读时不曾有过的思考，阅读就因此获得了另外的奖赏和收获。这也是我这些年乐此不疲写作读书随笔的原因。而这些兢兢业业写就的文字，也成为我后来出版的《教育阅读的爱与怕》等好几本书的主要组成部分。

　　因此，在与教师朋友们交流读书这个话题时，我总是会提到读书随笔的写作问题，交流我写作读书随笔的一些粗浅的经验和做法。大致想来，不外乎围绕以下几个维度展开。

　　将阅读与现实生活相链接展开写作。

　　很难想象，阅读与现实生活没有关联。哪怕是阅读神话、童话这类作品，我们能够感受和理解的部分也一定与我们的个人生活经验有关，或者我们必须借助个人生活经验才能到达。而阅读与个人生活经验的关系其实是相辅相成的，一方面阅读能够帮助我们理解和投入现实生活，另一方面现实生活又反过来加深了我们对某一本书的理解。那么，当阅读与现实生活产生了广泛而深入的联系时，我们再来写作就是非常自然的事了，这时候的写作不再需要搜肠刮肚，也不会捉襟见肘。事实上，我写作的大量读书随笔都与现实生活紧密相关，有的是记录由阅读引发的对现实生活的感受和联想，有的是基于现实生活的某种困境而需从阅读中谋求突围之道。当阅读与现实生活链接起来，写作就有了取之不尽的源泉。

将阅读与教育实践相链接展开写作。

在阅读教育理论与学科教学专业类书籍时，我总是做大量的读书笔记，主要是文摘类与概括类的笔记，但也有很多与教育教学实践相关的随笔类文章。这类与教育教学紧密相关的随笔一直是我写作的重要内容，也是我感觉从中受益最大的一种写作。

阅读教育教学类书籍必然有助于教育教学实践的改进，这是毋庸置疑的。在教育教学实践中遇到的问题也可以从书籍中寻找解决的策略，并且澄清一些模糊的概念，从而在实践中少走弯路。有时，我们在实践中可能并没有意识到问题的存在，或者某一个具体的实践行为所蕴藏的教育价值并没有被我们认识到，但在阅读教育教学书籍中得到了启迪，找到了线索，从而让我们从更加理性的角度审视我们的教育教学行为，达到改进教育教学实践的目的。因此，将这些宝贵的发现和收获通过写作记录下来，本身就是一个不断提炼、反思、总结的过程。在写作中，那些发现会更加清晰，那些收获也更加完美。或者正好相反，在写作中我们发现了那些不够清晰、不够完美的地方，从而促使我们再回到阅读和实践中去，最终形成一个阅读、实践与写作之间的良性循环。

将阅读与个人体验相链接展开写作。

在写作读书随笔时，我喜欢将自我放在其中，自由地表达自己的感受。当"我"呈现在文字中时，文字会变得更有温度，更具现场感与真实感，因而也往往更加动人。好书总是会与读者形成对话，触动读者内心的那根隐秘之弦，因此，若将这些个人体验融进读书随笔的写作中，文字就变得亲切起来。在我看来，"我的感受"比"我们的感受"更重要，"我在现场"无疑比"我在旁观"更有动人心魄的力量。

　　童年时代曾经画过星星的。乡村的夏夜，在院子里仰起脸来看半天，看那撒遍了天空的无数闪亮的宝石，似乎随手就可以摘到一颗，任凭母亲的手指怎么指引，总分不清哪一颗是牛郎，哪一颗叫织女。后来就想把它们统统画下来，画一幅世上最美丽的画，好让母亲在画上指点给我看。可是，那么多的星星，怎么画得完呢？星星是数不过来的，这个世界是看不到头的……

　　我第一次朦朦胧胧地感受到世界是无尽头的，就是在这个时候，在一个小女孩最原始、最朴素的愿望里。也许，知道这个世界是无尽头的，一个孩子才会长大。

这是我在写作《跟苏霍姆林斯基学当老师》一书时的两段文字。苏霍姆林斯基为了让孩子们确立"宇宙是无穷无尽的"这一观念，有意识地让他们在晴朗的秋天去观察灿烂的星空。他和孩子们一起坐在高高的草垛上，一边观察着头顶的星空，一边给孩子们讲述每一个星座，讲述那些关于星星的美妙的故事。他也鼓励孩子们自己来编故事，让每一颗星星都变成会说话的朋友，让每一个故事都有色彩，有孩子们的喜怒哀乐。就在这样的夜晚，孩子们第一次放飞了想象的翅膀，他们想飞到世界的尽头，可是他们又似乎发现，这个世界是无尽头的……我幻想自己就是围坐在他旁边的孩子中的一个，那该是多么美好的一件事。我喜欢就这样把这种幻想诚实地写下来。

怎样做读书笔记

这些年，经常有老师问我一些读书的方法，以为我一定有什么读书的"秘密武器"，才会有这么多的阅读收获。其实，我哪有什么"秘密武器"，我所用的无非都是一些最普通、最基本的方法而已。其中，我认为让我受益最大的除了写作读书随笔，就是做读书笔记了。

一直以来，我都有做读书笔记的习惯。最初是由于受到中学时代老师的影响，老师喜欢读书，也要求我们读书，并且要求我们一定要做读书笔记。老师所说的读书笔记其实是妙词佳句的摘抄，他告诉我们一句流传已久的谚语："好记性不如烂笔头。"他希望我们通过这样一种形式能够积累更多的妙词佳句，为写作做储备。老师认真地执行着这一计划，每隔一段时间就要抽查我们的读书笔记。于是从那时起，我就开始在阅读时做一些读书笔记，主要是文摘之类的记录，写在一个硬皮笔记本上。虽然后来这些笔记本无一例外全部遗失，但当时兢兢业业认真摘抄的记忆却永远地留了下来，同时摘抄作为一种阅读方法，也被我坚持了下来，并且使我受益匪浅。

当然，现在我做读书笔记绝不仅仅是写文摘，还包括概括提炼、读书随笔、读书报告等各种形式，甚至连"笔头"都不动了，统统录入电脑，为的是节约时间（我用电脑打字远远超过了用笔写字的速度），又不占空间，而且之后进行查找与检索也更加方便——只要利用 Word 的查找功能，键入要查找资料的关键词，就可以轻而易举地迅速找到自己想要的资料了。

我的读书笔记大概分为三类：文摘类、概括类、随笔类。其中，文摘类和概括类又划分为三个小类：教育理论类、学科专业类、人文视野类。在内容分类的基础上，我还按照年份分别保存，以便比较清晰地看到自己这些年的阅读轨迹。这样分类的目的主要是为了便于后期的查找和检索。事实上，这样明晰的资料分类为我的教育研究和写作都提供了很大的便利。曾经有一个老师无意中看到了我电脑中的读书笔记，十分惊叹，认为我的读书笔记简直就是一个小型的图书资料馆。这么说当然有些夸张，但我的研究和写作确实都离不了这些读书笔记。从这个意义上来说，读书笔记是一种十分必要的学术储备。

但是，哪怕是"文摘类"的读书笔记，我也绝不是简单地摘抄了事。摘抄些什么，怎么摘抄，都有原则和技巧的。比如，我摘抄的内容必须符合这样一个原则：阅读时一定是让我眼前一亮的语段。这些语段也许观点比较新颖，过去闻所未闻；也许以前对某一个问题有长期的迷惑，这段话让我恍然大悟、豁然开朗；也许以前对某一个问题已经有初步的判断，但一直没有找到有力的佐证，而这段话让我如获至宝……一般来说，面对这样的语段，我都要原封不动地摘抄下来。另外，为了今后查找与检索方便，摘抄时也要注意一些细节，比如我一定会在每一个摘抄的句段后面详细注明出处，包括作者、书名、出版社、出版日期、页码等，便于今后的详细核查。2012 年我出版了《小学语文文本解读》，在做前期案头准备工作时采用的就是这种方法。由于这本书内容繁杂，涉及大量的第一手资料需要核查，如果没有当初做读书笔记时的这种细致，很难想象那将是一项怎样浩大、让人头痛的工程。

　　除了文摘类的读书笔记，我常做的还有概括提炼类的读书笔记。比如，2009年我出版了《跟苏霍姆林斯基学当老师》，在做前期案头准备工作时，曾经做过这样一则读书笔记：

　　　　上课并不像把预先量好、裁好的衣服纸样摆到布上去。问题的全部实质就在于，我们的工作对象不是布料，而是有血有肉、有敏感而娇嫩的心灵的儿童。
　　　　——《和青年校长的谈话》，赵玮等译，《苏霍姆林斯基选集》第4卷，教育科学出版社，2001年8月第1版，第841页。
　　　　这一点正是苏霍姆林斯基在谈到课堂教学时反复强调的。他认为教学的艺术不在于预先规定好课上的一切细节，而在于巧妙地，对学生来说是不知不觉地根据情况作出变化。这对于保证教学效果是非常重要的。真正优秀的教师，上课时他的脑海中不应只想到教材，不应只想到他的教学设计，而是应该充分重视学生的反应，通过细致的观察对学生是否掌握了教材作出准确的判断，并及时对教学内容、进度与教学方案作出相应的调整。对此，他曾反复以自己的课堂为例进行说明。我们看到在苏霍姆林斯基的课堂上，他所注意的中心点不是自己的讲述，而是学生的思维情况，因为他可以从学生的眼神里看出他们是懂了还是没懂，是哪些地方没有懂，有没有必要补充新的事实材料进行教学。

　　在这一则读书笔记中，我首先摘录了苏霍姆林斯的一段原话，接着在这段话后面根据自己的阅读理解概括提炼了苏霍姆林斯基关于课堂教学一定要关注学生的基本观点。由于苏霍姆林斯基在论著中讲到的案例及其分析十分详尽，在做读书笔记时不可能全盘照搬，在记录了最重要的核心观点后，就可以进行概括提炼，对作者的观点作进一步的梳理和理解。这样的读书笔记十分重要，它反映的是你真正的阅读收获，而且在很多时候会成为你后期撰写读书随笔的重要内容，甚至这些概括提炼的语段可以直接拿来放到你的文章中。确实如此，我后来写作的《教学的艺术在于变化》一文就一字不差地收录了这则读书笔记，成为《跟苏霍姆林斯基学当老师》书稿的一部分。

最后有必要提醒一句，这些读书笔记都录入电脑，保存、查找是方便了，但一定要做好备份。

读书随笔示例一：一个灵魂的燃烧

——读《亲爱的提奥：凡高自传》

走进凡高的生命世界，你会感受到一种震撼：那燃烧的色彩背后，隐藏的是个体被遮蔽的秘密。而这秘密正是凡高作品获得永恒生命力的源泉。因此，阅读凡高，不仅要阅读他的艺术世界，更要阅读他的生命历程。记住凡高，不仅应记住他的作品，更应记住他的灵魂。当消费主义不断蚕食人的精神的时候，当娱乐文化不断侵蚀人的灵魂的时候，阅读凡高就更具有别样的意义。

这是一本大书。说它是"大书"，不仅在于它的厚度，还在于它所带给我的那些深刻、宏大、真实而无限的东西。

如果生活中没有某些无限的、某些深刻的、某些真实的东西的话，我就不会留恋生活。

对于凡高来说，在他短促的 37 年的人生岁月中，他已经感受到了"某些无限的、某些深刻的、某些真实的东西"，他把这些感受源源不断地倾吐在画布上，笔触急迫而平静，浓烈的色彩在笔下奔流，于是，我们看到了广阔的麦田，或怒放或含苞的向日葵，开花的杏树，精神病院的医生，邮递员的妻子……当他意识到自己再也无法感受这些"庄严的悲哀"时，他选择了结束自己的生命。

此书是凡高的书信体自传，由凡高写给弟弟提奥的几百封书信连缀组成。这样的文体使我在阅读这本书的日子里，经常会产生一种狂妄的幻想，试图走近这个伟大的灵魂，理解他的艺术，理解他的生活，理解他孤绝的求索。我看到了这个灵魂深处跳动的火焰，它熊熊燃烧着，始终不曾熄灭，直至把自己燃成灰烬。正如凡高所说，即使"在上流社会中，以及在最好的条件与环境下，一个人也一定要保持隐士的某种原始的性格，否则他就失去了自己的根子；一个人决不可以让自己心灵里的火熄灭，而要让它不断地燃烧"。

从早期对上帝的迷恋，到走上艺术的道路，凡高逐渐学会了倾听自己内心深处的声音："啊！我愈来愈感到人民是一切事物的根……真实的生活本身，要比画画与做雕刻更有价值，养孩子比画画或做生意更有价值。""我觉得我的作品藏在人民的心里，我一定要深深地抓住生活。"

凡高一生始终没有脱离"真实的生活"，他自己就是生活在最底层的人，在绘画上基本属于自学，这使他的作品脱离了学院派中规中矩的僵化与"正确"，他远远地走在了前面。他走得那么远，那么心无旁骛，以至于他既不能被那些平庸的同行认同与理解，也无法让那些傲慢的、唯利是图的画商看中。他的一生只卖出了一幅画，饥寒交迫，贫病交加，却始终不肯屈服。在安特卫普的美术学院，他看到了学院派那些毫无生命的作品，于是在信中告诉提奥：

> 我在这里所见到的素描，在我看来都是很糟糕的，完全不行的。时间将会证明谁是谁非，学院派的老爷们或许会控诉我们是异端。

时间的确早已证明谁是谁非，受尽冷遇与嘲讽的凡高，用作品告诉我们什么是真正的艺术："它的周围有空气感，有颤动的光落在它的上面。"

这是凡高拿自己的人物画与美术学院学生的作品进行比较时的发现。今天，当我们再来欣赏凡高的作品，那田野中的磨坊、夜间的咖啡馆、吃土豆的人、着红色圆点长裙的少女，我们可以真切地感受到那流动在画面中的空气和落在上面的颤动的光。

真正的艺术是不会被湮灭的。凡高死后，他的作品的价值已经不能以金钱来衡量。对此，凡高自己有过保守的预言：

> 人们有一天总会了解，我的画的价值，要比我所花在画上的颜料价钱，以及我的生活（毕竟是十分贫寒的）费用高得多。

今天，人们的确已经了解到这一点，但了解一个灵魂的价值远比了解一幅画的价值要困难得多。

我从这些书信的字里行间感受到了这个灵魂的存在，我甚至听到了急迫的呼吸，纵情的呐喊，触到了从田野上吹来的风，看到了在狂乱的风中决绝的奔跑……

> 如果人们感到需要感受某种宏大的、无限的、使人感知到上帝的东西，那么他不需要到远处去找它。我以为我在婴儿的眼睛里，看到了比海洋还要深、还要无限、还要不朽的某种东西。

凡高"在婴儿的眼睛里，看到了比海洋还要深、还要无限、还要不朽的某种东西"，我们在凡高的风景画和人物画里也看到了这种东西。在凡高为加勒医生画的肖像中，这位穿着蓝色外套的精神病医生靠在红色的桌子旁边，一手扶着桌面，一手托腮，紫色的水仙花，黄色的书籍，医生面孔瘦削，眼神宁静而和善，望着面前正在给他画像的凡高，望着每一位看他肖像的人。我盯着这幅肖像。我想摸一摸他头上那顶白色的帽子，从它凹塌下来的样子我能感受到它质地的柔软。我想给他我的手，让他那宽大的有着凸出骨节的手握住，那双手一定是粗糙的，有着舒适的温热。

这个懂得艺术与医术的好人，用极大的耐心与爱心，陪伴凡高走完了人生最后的岁月。我注意到加勒医生的这幅肖像作于1890年6月，正是凡高死前的一个月。

1890年2月，在发病的间歇，凡高完成了《开花的杏树》。背景是蓝绿色的天空，淡紫的殷殷的色块令人想到阳光的明媚，怒放的或是含苞的杏花占满枝头，枝条扭曲而遒劲，希望，潜力，坚忍，傲然，妩媚，奔放……空气中流动着杏花的芬芳，蜜蜂的嗡鸣像丝弦上奏出来的音乐。

这难道不是凡高一直追求的那种"比海洋还要深、还要无限、还要不朽的某种东西"吗？

但那些保守而平庸的所谓艺术家与画商并没有停止对凡高的攻击与侮辱。毛威、戴尔斯蒂格等人相继离开了凡高，他们挖苦他，讽刺他，并试图说服提奥断绝对凡高经济上的援助。

我时常陷入极大的痛苦，这是实在的，但是我的内心仍然是安静的，是纯粹的和谐的音乐，在最寒伦的小屋里，在最肮脏的角落里，我发现了图画。我的心怀着不可抗拒的力量靠拢这些事物。

他靠拢着，热切地注视着、拥抱着世间美的一切。

我认为一个农民姑娘的美，在于她满是灰尘与打了补丁的蓝色裙子与紧身胸衣；由于气候、风与太阳的影响，使她的服装具有最优美的色彩。如果她穿了一身贵妇人的服装，她就会失掉她那独特的魅力。

这是凡高眼中的农民姑娘。

一个穿黑衣服的、把她的一双小手搁在身后的小个子女人，静悄悄地沿着灰色的墙走来……一头黑发，一个小小的鹅蛋脸——棕色的或者是桔黄色的，我不知道。她有一忽儿抬起睫毛，用那对乌黑的眼睛斜扫过来。她是一个中国姑娘，神秘，安详，性格温柔。

这是凡高眼中的中国姑娘。

这位"神秘，安详，性格温柔"的中国姑娘，走在1885年的安特卫普的街道上。衣衫褴褛的凡高看到了她的黑发，她的小小的鹅蛋脸和乌黑的眼睛。

"她有一忽儿抬起睫毛，用那对乌黑的眼睛斜扫过来。"或者，她也看到了凡高？

在无数孤独而颠沛流离的日子里，凡高常常在早上四点钟就坐在阁楼的窗子前面，用透视工具画牧场与院子。他看见工人懒洋洋地走进院子，在屋顶的红瓦上面，一群白鸽在黑色的烟囱中间飞翔，这一切的后边，是广阔伸展开来的一片柔和、嫩绿，上面是一抹灰色的天空。于是，这种清早的景色，这些生活与睡醒的最初的标记——飞鸟、冒烟的烟囱、远在院子那边懒洋洋地行走的人，形成了他水彩画的题材。

于是，大量美丽的作品诞生了。在他的同行们忙于卖画、展览的时候，在他的探索与尝试遭到无情地嘲讽与冷落的时候，他却可以傲然地向整个世界宣布——

> 我时常尽情发笑，这是由于人们以各种各样的、恶毒与荒唐的事情来怀疑我，在这些事情中，我的头发没有一根是有罪的——我不是别的什么，而只是一个自然的朋友，研究的朋友，工作的朋友，尤其是普通人的朋友。

"我的头发没有一根是有罪的"，这样的自信缘于他把表现自然、表现普通人，看成是一个画家的责任。

> 一个艺术家不需要是一个牧师或者一个教堂的守门人，但是他一定要对他的同胞有一颗温暖的心。把一种理想放进自己的作品中，我认为这是一个画家的责任，我以为这是很高贵的……

谁又能理解这种高贵呢？怀着一颗温暖的心，把一种理想融进作品中的画家在哪里呢？在很多时候，他孤独地走过街道，走进田野，在阴沉的雨季里，在寒冷的冬夜，画着他眼中的世界。唯有绘画让他感到宁静。他一再说明，每一个以爱与智慧从事创作的人，在他热爱自然与艺术的真心诚意中，会发现一种抵挡别人攻击的防护工具。自然是严峻的，也就是说是冷酷的，但是它永远不会欺骗我们，并且始终帮助我们前进。所有这些东西使他感到心情开朗，精神振奋。

一切伟大的灵魂注定是孤独的灵魂，因为只有在孤独中，他才能听见真理发出的声音，才能看清楚"事物的本性"，才能以爱与智慧从事创作。而所有本真的东西，都将无所畏惧，因为没有人能遮蔽永恒。

我通过人物或者风景，想要表达的不是伤感，而是庄严的悲哀。简单地说，我要做到使人们看了我的作品后说：他是深深地感受的，他是亲切地感受的——尽管它粗糙，或许正是由于这一点，才表现了我的感受。

但谁又能理解这"庄严的悲哀"？即使是"伤感"，也从来不曾有很多人领受过。一切喧嚣和活跃的背后，是无边无际的空虚和令人绝望的死寂。他说，"整个艺术事业腐朽了——我怀疑那些大价钱，即使是杰作的大价钱，是不是会维持下去。艺术品的价钱被提得那样高的时代，可以说，是在将来。"

历史竟不折不扣地成就了凡高的预言。今天，凡高的作品成为公认的杰作，但这些"公认"里面，依然让人怀疑有多少"真"的成分。毕竟，这是一个既"媚俗"又"媚雅"的时代。无论是"媚俗"还是"媚雅"，一样的虚伪，一样的令人生厌。

人们不可能指望从生活中得到他已经明知道不能得到的东西，而且人们开始愈来愈明白地看到，生命只不过是一种播种的季节，收获不在此地。或许这便是人们有时候对社会上的意见漠然、无动于衷的原因。

凡高一生都在播种，我们收获在此地，更多的人收获在未来。历史应该羞于回忆，虽然必须回忆。

我在早晨一个人穿过城市，做了一次长途的步行，到了公园里，沿着林荫道走着。在空气中有一种使万物苏醒过来的清新东西，可是在事业上，在人与人之间，却多么令人灰心丧气啊！

这种"使万物苏醒过来的清新东西"，包括爱情。

1881 年，凡高遇到了西恩（凡高称她为"西恩"，意即别人的女人），她原名叫克丽丝蒂娜，是一个妓女，在怀孕后被抛弃，流落街头。走投无路之际，凡高收留了她，爱上了她。

戴尔斯蒂格嘲笑凡高："这不恰像赶着一人驾驭的四马马车通过城市一样使人发笑吗？"

凡高有力地回击了这种傲慢的指责与偏见："得啦，先生们，你们是一些自视为有漂亮风度与良好教养的人，你们认为抛弃一个女人，或者援助一个被遗弃的女人，哪一种更加优雅，更加高贵，更加有大丈夫气概？我所做的事，是十分单纯的与自然的，我以为我可以保留我的看法。我认为每一个有价值的人，在同样的情况下，也会这样做的。"

一个对人类怀着无尽的悲悯与同情的艺术家，当他单纯而自然的高贵无情地摧毁了那些"正人君子"们看似高雅的面具，他的孤独与寂寞就成了注定的命运。

所有美好的东西对凡高都有不可抗拒的吸引力。他追寻着真挚的爱情，在遇到西恩之前，他曾经深深地爱上了他的表姐，却遭到了无情的冷遇和永久的拒绝。他这样描述遭到拒绝时的心情：

当这件事在今年夏天发生的时候，最初对我的打击，可怕得好像判处死刑，它一下子把我的心碎成齑粉。在这无法形容的精神的痛苦中，好像黑夜中的一线亮光一样，我的脑子里产生了一种思想：谁要是自愿退却的话，就让他这样办吧，但是谁要是有信心，就让他怀着信心吧！我打起精神来，不是退却，而是满怀信心。

凡高的不退却和满怀的信心并没有挽回表姐的心。当他遇到西恩的时候，西恩的遭遇再一次唤起了艺术家深挚的爱情。他不能抵抗爱情，常常是对那些被牧师在教坛上加以指责的，被认为是有罪的与被鄙视的女人充满着爱。

这个被鄙视的女人，遇到了凡高，于是她悲苦的命运与一个伟大的灵魂有了最密切的关联。这样的补偿太多，尽管她不以为意。上帝对她实在过于眷顾，为了让她遇到凡高，所以让她流落街头。

在极端困难的情况下，凡高尽力照顾着西恩，还收留了西恩年老的母亲，送西恩到医院分娩不属于他的孩子。他理直气壮地质问那些对他的行为表示不解的人："恋爱，求爱，生活之中不能没有爱情，这是罪恶吗？我以为没有爱情的生活才是一种罪恶，才是不道德的。"

没有爱情的生活竟是一种罪恶。人们追寻属于自己的爱情，就是使自己摆脱这种罪恶，把自己从不道德的深渊中解脱出来。我们还有理由拒绝爱情吗？

一个人在恋爱之前与恋爱之后的区别，正好像一盏还没有点着的灯与一盏点着的灯之间的区别一样。现在灯已经摆在那里，而且是一盏好灯，而且也发光了。这是它真正的功能。爱情使人们对待许多事情采取更加沉着的态度，所以人们对自己的工作就更加满意了。

追求爱情，就是要在心里点亮一盏灯，使自己不至于在黑暗中迷失。当这盏灯在我们的心里亮起来，我们就摆脱了恐惧，闪烁的火焰在欢快地跳跃，生命也在舞蹈。

西恩成了凡高的模特，她心甘情愿地给他摆出各种姿势。在凡高的笔下，曾经疾病缠身、形容枯槁的西恩发生了巨大的变化："女人在她爱上别人与被别人爱着的时候，是会变样的；当没有人去关心她的时候，她精神颓丧，风姿消失。爱情把她内心所含有的东西引了出来，她的发展无疑是依靠这一点的。"

爱情点燃了生命的火焰，美就这样从内心深处被召唤出来。爱美的人类，不能没有爱情。

我长久地注视着凡高的一幅自画像。这幅肖像作于1889年9月。在圣雷米的精神病院里，不时发作的疾病已经严重摧垮了艺术家的身体，画中的凡高瘦削而苍白，胡须浓重，头发全部梳在脑后，紧锁的眉头，深陷的眼睛，眼神执拗而坚定地斜视过来。在这样的眼神里，那些不能被压抑的呼喊，那始终在奔涌的热情，那不肯屈服的灵魂，从松皱的衣服下，几乎要喷薄而出！

在阿尔的精神病院里，他甚至曾经这样设想：

我怀着一种希望，凭着我对艺术的精通，即使在疯人院里，重新进行创作的时候一定会到来的。一个巴黎艺术家的矫揉造作的生活对我有什么用呢？我永远不会上它的当，我没有了最初具有的急于动身的热情。

但是，他已经耗尽了最后的力气。

在许多人已经睡着，不愿意醒来，而有人却努力坚持一个人单独干的情况下，一个人单独干是有义务与责任的，因此那些睡着的人可以继续睡——或许这是比较好的情况吧！

有人一辈子都在单独干，有人便可以趁此继续睡。愈来愈剧烈的发病使他决意进行最后一次抗争。这一次，他还是单独干。

1890年7月27日，凡高给提奥写了最后一封信。他来到田野，靠在一根树干上，子弹射进了胸膛，留给了弟弟提奥最后一句话：苦难永不会终结。

那些不愿醒来的人，可曾听见这愤怒的枪声？

在他的身下，是他曾经无数次沉醉在其中的广阔的麦田。

我现在完全被衬着群山的广大无边的麦田吸引住了。平原辽阔如海洋，美妙的黄色，美妙的、温柔的绿色，一小片犁过与播下种子的土地的美妙的紫色——这片土地被开了花的土豆画上了绿色的格子；在这一切的上面，是带着美妙的蓝色、白色、粉红色、紫色调子的天空。

所有的色彩都是美妙的。世界依然是美妙的。

毕竟，"……在事物的本性上有使人精神振奋的东西，他们不会冻结、硬化，不会被顽固的偏见所阉割"。

阅读链接

［荷］文森特·凡高著，平野译：《亲爱的提奥：凡高自传》，南海出版公司，2001年第1版。

读书随笔示例二：以天地为课堂
——读《公民的诞生》

> 我们面前的田野就像碧波万顷的大海。树林犹如一座座绿色的小岛。鳞次栉比的盆地，连绵不断的丘陵，此起彼伏的浪涛，庄严肃穆的陵墓，错落有序的树林，所有这一切就像那神奇的海底王国一样向远方伸展。而那辽阔的空间，田野上空微微晃动的雾气则像被太阳所照耀的透明的水底一样……①

这是一个初秋的日子，苏霍姆林斯基带领孩子们来到田野，他们的面前展现出一派迷人的景象。置身其中，孩子们领略到了一种在教室内不可能感受到的东西———一种空旷的美。在这里，他们发现了各种极为微妙的色彩的变幻，聆听了那来自大自然深处的美妙的乐音，他们幻想，惊奇，喜悦，为能够活在这个世上而感到巨大的幸福。苏霍姆林斯基的学生莉达就忍不住发出了这样的慨叹："活着真好啊！……"

"活着真好"，这样的感叹使我感动不已。如果一种教育能够让孩子如此热爱生活，热爱这个世界，这种教育就是世界上最美好的教育，也是真正的教育；如果一个教师能够帮助孩子用自己的眼睛和心灵发现生活的美，感受到世界的永恒，这样的教师就是真正的

---

① ［苏］苏霍姆林斯基著，黄之瑞等译：《公民的诞生》，教育科学出版社，2002年4月第一版，第295页。

教师，也是最优秀的教师。苏霍姆林斯基的教育就是这样的教育，苏霍姆林斯基就是这样的教师。

以天地为课堂，以大自然作为"思想和语言的源头"，是苏霍姆林斯基教育体系中的核心理念之一，也是他的教育教学实践中分量最重的一部分。在他看来，观察和感受周围世界的美，是理解和感受生活的喜悦以及生命美的主要源泉之一。只有在对大自然的观察与感受中，才能真正理解人在这个世界上存在的意义与价值。

> 当一个人看到晚霞和蓝天上飘浮的云彩时能发现它们的美，当一个人能聆听夜莺的歌唱并赞赏空间的美时，他才成为一个人。[1]

苏霍姆林斯基把引导学生观察和感受大自然的美作为对学生进行道德与情感教育的重要手段之一。与其说这是一种教育手段，不如说这是苏霍姆林斯基坚定不移的教育信念。他把自己创办的针对学龄前一年孩子的"快乐学校"称为"蓝天下的学校"，这所学校正是这种教育信念的活生生的成功实践。在这所"蓝天下的学校"里，这群幸运的孩子感受到了世界的永恒的美，他们热爱生活，热爱这个世界，他们的思维、知觉、听觉、观察力、感受力都得到了最恰到好处的开掘，教师与大自然共同开启了他们的智慧。对那些在家庭中受到伤害的敏感、易怒、对世界充满敌意的孩子，苏霍姆林斯基除了利用书籍的力量，还把他们带到大自然中去，引导他们欣赏大自然的美，在一次又一次对美的观察与体验中，孩子心中的冰块慢慢融化，原本冷漠、敌对的目光变得柔和起来……大自然成

---

[1]［苏］苏霍姆林斯基著，黄之瑞等译：《公民的诞生》，教育科学出版社，2002年4月第一版，第291页。

为苏霍姆林斯基倡导的"美疗"的主要基地。

爱默生曾高度评价了大自然的美对于人精神的影响：

> 对于一直禁锢在有害的工作或事务之中的身心来说，大自然倒是一帖良药，能使身心恢复常态。商人、律师走出喧嚣扰人的和处处钻营的街道，仰望天空，凝视树木，会重新感到自己是一个人了。①

是的，当人处在大自然万物永恒的美中，人就重新发现了自己。

苏霍姆林斯基则一再把大自然称为"思想与语言的源头"。他不能设想没有带孩子们到家乡各处去旅行和参观，没有对自然景色的观察和体验，没有试着用词句来表达自己的情感，教师能够进行语言教学。他认为脱离大自然的语言教学与思维训练都是不可能成功的。在河岸边，在田野里，在夜间的篝火旁，在灿烂的星空下，在淅沥的秋雨中，在大雪纷飞的冬夜，他教给孩子们怎样用恰当的词汇说出他们的观察和思想。他们曾经饶有兴味地观察一棵覆盖着白雪的松树，发现了它在晚霞的照耀下魔术般的色彩变幻：时而呈淡淡的粉红色，时而变为橘红色，一会儿又呈绛红色，然后又变为紫蓝色……孩子们兴致勃勃地编起了小诗描绘眼前的景象，他们用自己的语言和神奇的想象展现了丰富的精神世界。

我是多么迷恋这样的教学场景：为了教会孩子们读写"牧场"这个词，更让孩子们感受到"牧场"这个词的美和它的细腻色彩，苏霍姆林斯基带领孩子们来到了一片阳光灿烂的辽阔的牧场。他先

---

① ［美］爱默生：《美是宇宙的一种表现》，出自《现代教师读本》艺术卷，广西教育出版社，2006年7月第1版，第6页。

用诗一般的语言描述了牧场上嗡嗡唱的蜜蜂，翩翩飞舞的蝴蝶，正在吃草的牛群，盛开在草地上的各色的野花，然后就在画本上画起牧场来，又在画好的图画上题写了"牧场"的字样。孩子们早已按捺不住，也兴致勃勃地画起来。谁也不曾刻意要记住"牧场"这个词，但就在这个过程中，每一个孩子都不知不觉地学会了读写"牧场"这个词，更重要的是，他们不仅学会了这个词的读写，而且感受到了语言本身的美，看到了语言所展现的细腻的色彩。

在大量类似的实践中，苏霍姆林斯基愈来愈坚信自己的信念是正确的，那就是：必须在大自然这思路和语言的源头去教会孩子们思考，去发展他们的智力和才能。否则，教育教学就会沦为师生共同的沉重负担，成为令人窒息而无法超拔的劳役与苦难。

在苏霍姆林斯基的著作中，我们不只一次地看到，孩子们在教师的带领下来到辽阔的草原，来到茂密的森林深处，来到铺满厚厚的积雪的山峦之下，他们学习读写，学习编写诗歌和童话故事，他们也劳动、嬉戏，锻炼身体。大自然成了孩子们最自由、最美好、最开阔的生命乐园。在这个乐园中，他们不仅学会了语言，学会了思考，他们的身体也变得健康、结实，精力也更加充沛。读着那些生动的描述，我的眼前仿佛出现了一幕又一幕令人无比神往的画面：孩子们在老师的带领下，在新鲜空气中、在行军中、在野外的休息点上、在森林里的游戏和玩乐中，度过秋假、春假、寒假和暑假。他们在山坡上滑雪，乘着雪橇穿过树林；他们在碧蓝的湖水里游泳，赤脚走过岸边的草地；他们骑着骏马去村子里运土豆、面包；他们在果园里收西瓜和甜瓜，在草原上放马、放牛，在蜂场里帮助农庄人员采集蜂蜜，在学校后面的小山坡上种植苹果和葡萄……没有感冒，没有近视，他们个个被阳光晒得黑红、健美，个个开朗、自信。

　　我想起了亚米契斯的《爱的教育》中老舅父的话："强烈的土的气息、麦叶的气息、森林的气息，是人的最好的药物。"病恹恹的少年安利柯就是在舅父这样的教育中，很快恢复了健康。曾经身为船长的舅父，对安利柯的教育和帮助，也正与苏霍姆林斯基一再倡导的理念相一致。我想，这当是不折不扣的"美疗"了。

　　如果说亚米契斯的教育理念是展现在教育小说这一类文学作品中，那么苏霍姆林斯基则完全用自己的实践诠释了这一理念。以我们今天的眼光看来，苏霍姆林斯基给我们描画的这幅教育场景几乎是一个童话。但是，它又确确实实存在过。也许，以我们今天的环境要实践这种童话般的教育是困难的，但这并不意味着我们应该绝望，况且，实践这样的教育，我们并不是毫无余地的，尤其是农村学校，如果我们有足够的远见和胆识，在这方面可以施展的天地是十分广泛的。即使是城市学校，也完全可以利用各种假期组织一些适当的活动，创造一些让学生亲近大自然的机会。我到过不少农村中小学校，它们具有得天独厚的自然资源，却并未进行有效的利用与开发，而在到处寻觅所谓的教育教学资源。在这种情况下，城市学校似乎就更具备把学生封闭在校园内的理由了。也许，这不是某一个教师的事情，也不是某一个学校的事情，毕竟，当下教育的大环境中更多地表现出急功近利，学校与师生承受的应试压力似乎愈加沉重，但是，这并不应成为教育沦陷的借口——美好的、符合人性的教育毕竟是我们追求的目标，它是一种信仰，一种激励我们的力量。人总是向往光明的，针对人的教育也同样应该如此。只要我们把人放在第一位，我们就一定能够突破当下坚固的壁垒，教育的天地将变得广阔而充满魅力。

在阅读苏霍姆林斯基的日子里，我的耳边总是响起他在牧场上教孩子们观察的话语，那是我听不懂的俄语或乌克兰语，但我又确实听懂了——

你们看，我们面前多美。草上有蝴蝶飞舞，蜜蜂在嗡嗡唱，远处的牛群像玩具一样。看上去，牧草地好像一条淡绿色的河流，而树木像是深绿色的河岸。牛群在河里洗澡……听见小飞虫的嗡嗡响和蝈蝈的歌唱了吗？

第六辑　让不爱阅读的孩子爱上阅读

阅读点亮童年

阅读课上，我带小朋友们去学校绘本馆。大量最新购置的绘本还没来得及整理上架，在宽大的书桌上堆积如山，这壮观的一幕让孩子们惊喜万分。我们迅速埋首其中，贪婪地读起来。他们读他们的，我读我的。间或有小朋友走过来，拿着他们喜欢的书，问我一些问题。我总是提示几句，不做过多的讲解。我深知，过多的讲解对提高孩子的阅读能力没什么好处；而且就阅读绘本而言，我的见解并不见得比孩子们更加高明。其实，老师专注的阅读态度本身就是一种教育。

我想总要有这么一节课，能让孩子们徜徉书海，埋首书山。我相信，当一个人的童年有书相伴，他的人生就拥有了丰富而明亮的底色。

曾几何时，书籍也曾点亮过我的童年。

记得上小学时，刚识了几个字，就不再满足于课文中那些故事，常常是新书刚发下来，我只用大半天就从头翻到尾了。于是就开始寻找另外可读的东西。我翻箱倒柜，看到哥哥姐姐用过的课本堆在家里，就囫囵吞枣地读了一遍。渐渐地，家里再也找不到能读的东西，就自然而然想到了买书。

那时候，我对别的书尚没有多大兴趣，最爱的是那些图文并茂的小人书。一本小人书只要一毛钱，超过两毛钱的是极少数。我不断地跑去镇上唯一的一家书店买小人书，一来二去，那书店里唯一的售货员也认识了我。家里的小人书渐渐增多，一系列《聊斋志异》小人书和几十本《三国演义》小人书都被我买了回来，还有不少以古希腊神话和中国民间传说为素材的小人书，最辉煌的时候竟达到了近三百本，算来是一笔不小的财富。在那个一斤猪肉只要六角钱的年代，真难为了一向勤俭的母亲，竟对我如此纵容。于是，在同龄的孩子之中，我成了一个必须巴结的对象——哪个孩子不想从我这里借几本小人书看看呢？谁能拒绝《田螺姑娘》和《牛郎织女》？谁又能不喜欢《大闹天宫》和《小兵张嘎》呢？

细细想来，最难忘的是买《西厢记》。那本书比一般的小人书都要大，方方正正，纸张厚实而挺括，书中图画线条流畅，极为精美，现在想来当属工笔细描，只是当时不曾留意出自哪位画家的手笔。翻到背面一看价钱，着实吓了一跳，标价竟是一元五角。我上上下下翻遍口袋，数了半天，一元四角九分钱，还差一分钱。我懊丧地站在柜台前面，眼巴巴地看着《西厢记》，就是挪不开步。不知过了多久，那个中年男售货员开了口——他竟然答应少一分钱卖给我！

我高高兴兴地拿着《西厢记》跑回了家，很快读完故事，却不舍得借给别的小伙伴——我迷上了书中那些精美的古代美女图。在我眼里，崔莺莺那长长的袖子、层叠的裙子，红娘活泼俏丽的脸蛋，怎么也看不够。反复欣赏，渐渐手痒，便开始临摹。开始时手不听使唤，崔莺莺被画得奇丑无比，红娘也被画得一塌糊涂，但渐渐就找到了感觉，最后我居然画得像模像样，很是那么一回事了。后来有了彩色蜡笔，我又开始学着给这些美女化妆，画面就更是色彩斑斓，霓裳飘逸了，常常引起小伙伴由衷的赞叹。直到今天，我虽没有正规学过绘画，但我画的古代仕女图都还相当不错。

今天，我的那几百本小人书早已散失殆尽，也再看不到书店里卖那样的小人书了。但那些买书、读书的记忆始终不曾湮灭，就像一束柔和温暖的光，在我的生命中无限延伸，照亮了我的过去、现在和将来。所以，现在我想要做且正在做的，无非就是尽我所能，让各种美丽、丰富的书进入孩子们的生活，就像它们曾经点亮过我的童年一样。

阅读是孩子的精神需要

　　无限相信书籍的教育力量，是我教育信念的一个信条。[①]

　　让学生爱上书籍，终生与书籍为伴，是苏霍姆林斯基教育思想的一个重要组成部分。他认为如果少年、男女青年没有自己心爱的书和喜爱的作家，那么他们的完满的、全面的发展就是不可设想的。在他的著作中，我们可以看到大量的关于他引导孩子、教师和家长爱上阅读的情景。

　　苏霍姆林斯基喜欢给孩子们朗读童话、诗歌，还有他自己创作的一些小故事。白天，他们一起到瓜园、果园里劳动；黄昏，他们一起坐在铺满落叶的树林深处，微风轻轻吹拂，枝叶在飒飒作响，夕阳洒在如茵的草地上。孩子们听得那么入神，大家一起编故事、写诗歌，一起感受大自然的美，感受语言创造的美。不知何时，星星悄悄出现在深蓝的夜空，他们仰起头，一起感叹宇宙的无限和永恒。

　　12月的黄昏，天黑得很早，苏霍姆林斯基给孩子们朗诵了高尔基的童话《伊席吉尔婆婆》，将托利亚和尼娜从痛苦的深渊中解放出来，让他们认识到，邪恶不可能取得胜利，善是存在的，善一定会取得胜利；他给孩子们讲述屠格涅夫的《白净草原》，孩子们产

---

① ［苏］苏霍姆林斯基著，刘伦振译：《我的教育信念》，出自《苏霍姆林斯基选集》第5卷，教育科学出版社，2001年8月第1版，第580页。

生了这样的渴望：到大自然中间去，去关注那些早已习以为常的美；在第聂伯河畔的橡树林里，空气中弥漫着庄严、肃穆的气氛，苏霍姆林斯基给孩子们朗读了普希金的短诗《我在喧嚣的大街上徘徊》，孩子们受到了深深的感动，他们体会到了人的感情的伟大和美，人的欢乐和悲伤，以及人认识世界和认识自身的愿望。苏霍姆林斯基希望，当他把这样的词一个一个地注入学生的心灵中去的时候，他们会变得温柔、优雅、富有同情心。

他向孩子们开放他的藏书室，让孩子在那里都能找到一本自己喜爱的书；他激发起孩子们面对知识海洋时的那种惊奇感，在他们面前打开了一扇明亮的窗子；他鼓励孩子们要有家庭藏书，要不断补充新的图书；他还鼓励帕夫雷什中学的每一位教师都要热爱读书，把书作为与学生精神交往的重要媒介。

他和帕夫雷什中学的教师们一起，指导孩子们举办诗歌朗诵会，欣赏经典音乐作品，他用辩论赛、语文节等形式把孩子们引入一个充满了语言美感和精神美感的世界。

正是看到了书籍对青少年精神世界的重大影响，苏霍姆林斯基一直致力于尽量使每个孩子都有一本心爱的书，并指导他们反复阅读并思考这本书。他的学生费佳在阅读中不再自以为是，季娜在阅读中明白了人要在死后留下深深的痕迹，而沃洛佳则在阅读中克服了精神空虚……孩子们就是这样在与自己的书本相遇，这种美丽的相遇改变了他们，书籍成了照亮他们前方道路的火把。

关于如何让书籍进入孩子们的生活，如何让书籍成为孩子们的精神需要，苏霍姆林斯基向班主任提出了这样的建议：

如果你被指定担任五年级的班主任，那你一定要把培养学

生的这种精神需要作为自己的主要任务之一。你要列出一张你
的学生在中学时期应当阅读的书目，并且要设法使本班的小图
书馆里有这些书。①

　　苏霍姆林斯基认为，让书籍成为孩子们的精神需要是班主任的
主要工作任务。这自然不只是针对五年级的班主任提出的建议。事
实上，苏霍姆林斯基从自身做起，要求帕夫雷什中学的每一个教师
都要善于把学生引入书籍的世界中去，让他们在阅读中开启智慧，
受到真善美的熏陶。全校教师共同编制了一个《童年、少年和青年
时期阅读的好书目录》，其中选择了专门供学生在中小学年代里阅
读的最宝贵的书籍。此外，他也要求每一个家庭都建立藏书室，因
为他在多年的教育实践中发现，家庭教育的贫乏和缺少教养在很多
时候是因为缺乏阅读所致。他研究了460个违法少年和犯罪少年的
家庭之后发现，罪行越重，犯罪手段越是惨无人道、残忍无情、动
作笨拙的，犯罪者的家庭也是最缺乏智力上、美学上和道德上的追
求的，而且他们的家里都没有藏书。

　　尤其是对于智力发展有障碍的孩子们的教育，他认为不是靠没
完没了地补课，也不是靠没完没了地做习题可以做到的，而是应该
通过大量的阅读开启智慧，让他们学会思考；对于那些在精神上受到
伤害的孩子，他认为阅读是治疗他们心灵创伤的重要手段之一……

　　跟苏霍姆林斯基一样，许多优秀的班主任都十分重视借助书籍
的力量对学生进行教育。有一位班主任给孩子们读一本适合低年级
儿童阅读的绘本——菲比·吉尔曼的《爷爷一定有办法》，孩子们

---

① ［苏］苏霍姆林斯基著，杜殿坤编译：《给教师的建议》，教育科学出版社，1984年
6月第2版，第67页。

深深地被那些有趣的情节吸引住了：

约瑟很小的时候，爷爷给他织了一条毯子。后来毯子破旧了，妈妈想把它扔掉。约瑟说，爷爷一定有办法！果然，爷爷说，这些材料还够做一件外套，于是就把毯子改成了一件外套给约瑟穿上。后来外套也破旧了，妈妈又想把外套扔掉，可约瑟又说，爷爷一定有办法！果然，爷爷说，这些材料还够做一件背心，于是又把外套改成了背心。就这样，背心变成了领带，领带变成了手绢，手绢变成了纽扣，直到后来，纽扣在约瑟玩耍时不慎丢失。

妈妈说：约瑟，即使是爷爷也没办法无中生有呀！

约瑟说：爷爷一定有办法！

可爷爷也摇摇头：约瑟啊，你妈妈说得没错！

第二天，约瑟来到了学校，在练习簿上写下了这样的话——

"这些材料还够——写成一个奇妙的故事……"

这是一个让人拍案叫绝的结尾。任何一个读者都会为书中所表现的惊人的想象力和创造力而深深地折服。这本书向孩子们传达了一种力量，那是一种自由地想象和创造的力量。它让孩子们明白，在任何时候，我们都可以想象，都可以创造。即使一无所有，我们还是可以展开思想的翅膀，自由地想象和创造。

一位班主任与孩子们一起读林海音的《城南旧事》。孩子们眼睛里满含着笑，读道——

"爸，什么叫做贼？"

"贼？"爸爸奇怪地望着我。"偷人东西的就叫贼。"

"贼是什么样子？"

"人的样子呀！一个鼻子俩眼睛。"

"妈，贼偷了东西，他放在哪里去呢？"

"把那些东西卖给专收贼赃的人。"

"收贼赃的人什么样儿？"

"人都是一个样儿，谁脑门子上也没刻着哪个是贼，哪个又不是。"

"所以我不明白！"

在这样的阅读中，孩子们不一定受到了什么"高尚品质"的教育，也不一定从中得到了某种"声泪俱下"的感动，但孩子们获得了阅读的快乐，他们会在阅读中感到那种奇妙的心灵沟通与共鸣，而这正是在孩子们的心中埋下了热爱阅读的种子，使之成为一种无法割舍的精神需要。正如苏霍姆林斯基所说，一个在普希金、海涅的诗歌熏陶下成长的人，是不可能成为粗暴无礼和恬不知耻的人的。

让不爱阅读的孩子爱上阅读

　　尽管许多老师知道阅读的重要性，也能有意识地动员学生进行阅读，甚至想方设法鼓励孩子多去读书，但还是遗憾地发现，在现实中总会遇到一些孩子不喜欢阅读。

　　诚然，每个孩子的天赋秉性不同，兴趣爱好各异，但这并不意味着孩子不需要引导。无论这个孩子潜质、兴趣如何，阅读都应该成为他的一种基本的精神底色。假如一个孩子在他的童年、少年时代没有养成阅读的习惯，那么他就失去了精神生活中非常重要的一部分，就不能尝到阅读带给他的丰富与愉悦，他的视野也会由于没有阅读的习惯而很容易变得窄闭。而且我们很难想象，一个不爱阅读的孩子能够具备多少阅读能力，而阅读能力的强弱在很大程度上决定了他的学业成绩，他的精神生活的质量，乃至人生所能到达的高度。

　　我曾针对一部分不爱阅读的孩子做过一些调查，我发现孩子不爱阅读的原因各种各样，除了有些孩子在阅读之外的事物上存在浓厚的兴趣点之外（对这部分孩子不必强求他们把主要精力转到阅读上来），不爱阅读的原因其实不外乎以下几种。

　　有的教师本身不喜欢阅读，这在有意无意间成了学生不爱阅读的主要原因之一。如果一个教师从来不曾在课堂上展现过自己的阅读视野，从来不曾让学生感受到阅读给一个教师带来的精神魅力，或者一个老师在课堂上从来不曾谈论过任何一本教材以外的书，那么我们就很难想象他的学生会热爱阅读。苏霍姆林斯基在学校里建立了一个"思想之室",这其实是一个不大的阅览室,收集了数百种他认为最好的图书。当"思想之室"第一次开放时,苏霍姆林斯基给学生们介绍了有关罗蒙诺索夫的书,还让他们看了他已经记了20多年的读书笔记。他向他们描绘了一个有文化修养的人的最大的幸福,那就是在精神上跟书籍交往的幸福,一个人安静地得到智力上和审美上的享乐的幸福。孩子们聆听着苏霍姆林斯基的讲述,翻阅着那一本本厚厚的读书笔记,深受感染。从他们敬爱的老师身上,他们看到了阅读可能给人带来的巨大幸福。我认为,这就是培养学生阅读习惯的最好的方式之一。也就是说,要让学生喜爱阅读,教师必须先读起来。

在调查中我还发现,有的教师和家长给孩子提供的阅读书单不够恰当,在一定程度上影响了孩子阅读的积极性。比如,教师和家长给孩子推荐的阅读书单与孩子的年龄与生理、心理发展水平存在不够适切的情况。大体说来,小学低年级学生更喜欢阅读绘本和比较浅显的、能回应儿童好奇心的科普类书籍,这主要是由于绘本鲜丽的色彩和简明蕴藉的故事形成了生动的图文合奏,有助于引发这个年龄段孩子的阅读兴趣,培养孩子丰富的想象力;同时,由于这个年龄段孩子的特点,他们对自然、宇宙以及日常生活中的一些现象充满好奇,这时候给孩子提供一些能够以浅显、生动活泼的方式回答他们问题的科普书籍,在家长和老师的指导下进行阅读,让孩子们在解答心中疑问的同时,也开始意识到,书籍是非常好的老师,里面蕴藏着丰富的知识,有疑问可以从书籍中找到答案。这种意识的形成是非常重要的,一个孩子的阅读习惯得以从此建立起来。

在给孩子推荐阅读书单方面，还有一种问题是教师和家长推荐的阅读书单种类比较单一，不能满足不同孩子的需要。有些老师和家长往往根据自己的喜好或根据从一些媒体推荐中获得的信息，没有经过仔细选择，也没有考虑到孩子的具体情况就确立了阅读书单，结果是教师和家长选择的书籍孩子并不一定喜欢读，而老师和家长却觉得这本书很有阅读价值，甚至非读不可，阅读变成了强迫，变成了不得不完成的任务，孩子的阅读兴趣就会在这种情况下渐渐消失殆尽。其实，儿童的阅读书单也要尽量保持完整的结构，书目的内容、题材、体裁、作者国别等都要多样化，保持相对均衡的状态，这样有利于孩子从阅读中获得比较全面的知识，使孩子的知识储备与阅读能力都能得到有效的提升，同时也有助于我们从孩子的阅读中发现他们的兴趣点与关注点，从而发现他们在某一方面的潜能，并帮助他们发扬光大。

在引导一个不爱阅读的孩子养成阅读习惯的过程中，还有很重要的一点是，一定要关注与他同龄的孩子的阅读热点，从这个角度寻找突破口。教师和家长要在与他同龄的孩子中做一些调查，看看同龄的孩子都喜欢阅读什么书，从中可以大体了解这个年龄段孩子的阅读兴趣，鼓励他也尝试读一读这一类书，让他与同龄的孩子能够找到共同的阅读话题，拥有共同的生命成长密码。同伴的力量往往是巨大的，要让一个不爱阅读的孩子独自阅读一本书可能很难，但如果他知道自己的同伴正与他一起阅读某一本书，他阅读的力量就很可能会被激发起来，从而逐步走上阅读之路。这也是我们强调在班级开展读书会、共读一本书的主要意义所在。

另外，要引导一个不爱阅读的孩子去阅读，教师和家长在最初阶段要善于建立起阅读的仪式感，让孩子感受到阅读是一件美好的事，是一种令人向往的生活方式。比如，在给孩子朗读时，先帮助孩子们安静下来，然后可以用比较夸张但又符合书籍内容的语调和表情，可以配上合适的音乐，可以布置简单的道具和布景，可以戴上与书籍内容相吻合的头饰等，这些都有助于孩子们在不知不觉中爱上阅读。对于儿童而言，仪式感的建立是至关重要的，这往往是一个习惯逐步养成的起始阶段。

培养孩子阅读兴趣的方式方法绝不仅限于上述几种，而且培养方法往往因人而异。比如，可以尝试让暂时不爱阅读的孩子给一本书画插图，可以给他设计比较简单有趣的问题鼓励他从书籍中寻找答案，还可以只给他讲故事片段，鼓励他通过阅读了解故事最终的结果……

其实，一个家长和老师如果能给孩子绘声绘色地朗读一本书，是最简单、最有效的让孩子爱上阅读的基本方法。《一千零一夜》中宰相的女儿之所以避免了其他女人的噩运，不仅在于她讲的故事情节动人，还在于她高超的讲故事的技巧，使她成功地吊起了国王的胃口，永远让国王欲罢不能。我想还有很重要的一点是，国王从听故事的过程中得到了人性的启迪与教化，从而彻底改变了自己凶残、蛮横的本性。对于儿童也一样，我们给他读一本好书，能够使出浑身解数，让他欲罢不能吗？

为什么要给孩子朗读童话书

　　小时候读过严文井先生的童话《小溪流的歌》。多少年过去了，那个小溪流永不停留最终汇入大海的故事，依然深深刻在我的记忆中。我的耳畔至今还回响着小溪流那快活的歌声，那歌声永远都唱不完。它一边奔流，一边拒绝了停留，它由小溪长成了大河，由大河长成了大江，直到最后，大江汇入了汪洋大海。永不止步，永不满足，就一定能取得成功，就能够到达一个崭新的天地。老实说，以我今天的眼光看来，这不是一篇最优秀的童话，毕竟，我不喜欢其中那种比较直白、浓厚的说教意味——虽然这些道理本身没有错。尽管我对它的感情发生了变化，但无可否认的是，当时那种快乐的阅读感受却是如此鲜明，让我记忆犹新。我不知道今天的我从不肯停下自己的脚步，是否是因了这个童话故事，它激励着我，我偶尔会想起它，会以此来为疲惫的自己注入新的力量。这也许就是童话的力量？

　　苏霍姆林斯基也对此谈过自己的看法：

　　　　多年的经验证明，如果童年时代读过关于善与恶、真理与谬误、诚实与虚伪的作品，那么这些作品中的道德观念就会成为这个人的财富。童年与童话有着不解之缘。[①]

　　苏霍姆林斯基用大量的篇幅描述了他与孩子们在一起朗读童话、

---

① ［苏］苏霍姆林斯基著，唐其慈等译：《我把心给了孩子们》，出自《苏霍姆林斯基选集》第3卷，教育科学出版社，2001年8月第1版，第252页。

创作童话的情景。在他们自己布置的奇妙的童话室里，孩子们在听苏霍姆林斯基讲述安徒生的《雪皇后》：初冬的暮色笼罩着大地，小房子里亮起灯火，照亮了童话室里孩子们自己动手布置的故事场景——高耸的山岩，奇异的宫殿，还有快腿鹿和雪堆。窗外，空中飘起了雪花；童话室里，孩子们屏息静气地听老师讲那个雪皇后的故事。

在我看来，这本身就是一个童话，一个关于教育的童话。而苏霍姆林斯基和他的孩子们天天都在上演这个童话。他们一起读完了安徒生、托尔斯泰、乌申斯基、格林兄弟等作家写的所有的童话故事，他们也集体编写、表演童话故事。苏霍姆林斯基给孩子们讲述童话故事，他能把这些故事全部都背诵出来，把书带来只不过是要孩子们看看那些插图而已。在这些故事中，孩子们感受到了语言的美，领略到了词汇的丰富与活用，看到了语言中那些最细腻的色彩。而在用这些美丽的语言所表现的美丽的故事中，善与恶、真理与谬误、诚实与虚伪，都化作滋润孩子心灵的泉水，成为孩子道德信念中最宝贵的个人财富。这就是最初的思想教育。只有当思想体现在童话所展现的鲜明的形象世界中时，儿童才能理解它，进而接受它。

有人认为，既然是童话，那里面的故事、说法都不是真实的，不真实的说法和故事对孩子会有真正的教育意义吗？

对此，苏霍姆林斯基谈了自己的女儿奥利亚的故事：一位教师讲完了白云和风的童话，告诉孩子们，这样的事是没有的，云不会像童话里说的那样有翅膀，风也不会抚爱白云，早晨的雾是灰色的，令人讨厌……听了老师的解释，孩子们眼里的火花消失了，奥利亚哭了。苏霍姆林斯基认为，童话好比是一面魔镜，那位教师那样做无疑就是剥夺了孩子们观察这面魔镜所反映出来的世界的幸福。诚然，这个世界有其固有的客观规律，但儿童是按照自己的方式来认识世界，认识周围的人的，他们的思想往往可以凭借童话的翅膀飞向真理的世界，那个世界不仅是真实的，而且是丰富多彩的。

正是因为认识到了童话强大的精神力量和教育价值，苏霍姆林斯基十分重视给孩子们朗读童话故事。他动情地一遍一遍地朗读着，让孩子们想象童话故事所展现的那个奇妙世界，让他们感受语言本身的巨大的美感，思索那些故事中赞扬、鞭挞的东西。

> 可以毫不夸张地说，童年时代的朗读，这首先是对心灵的哺育，是人的高尚品质对儿童灵魂深处的触动。那些揭示高尚思想的故事总是一点一滴地将人性倾注到儿童的心里，构成善良的心地。①

我似乎听到了那流畅、动听的讲述，那是苏霍姆林斯基在用俄语或乌克兰语朗诵，孩子们围坐在他的身旁，屏息静气地听着，眼睛里闪烁着动人的光彩。那里还应该有一个黑头发、黑眼睛的小女孩，那就是童年时代的我。

苏霍姆林斯基不仅给孩子们朗读童话，还非常注重引导孩子们自己创作童话。他认为创作童话故事对孩子们来说是一种最有趣的、最富有诗意的创造性活动，也是发展智力的重要手段。如果说给孩子们朗读童话是一种心灵的哺育、语言的熏陶，那么，帮助孩子创作童话则更多的是一种语言的活用与智力的发展手段。在帮助孩子们创作童话故事的过程中，他发现，一些思维混乱、说话前后不连贯、缺乏条理的孩子能够流畅地表达自己的想象和感情了，而另一些羞怯的孩子变得充满自信、开朗大方了。孩子们在创作童话

---

① ［苏］苏霍姆林斯基著，唐其慈等译：《我把心给了孩子们》，出自《苏霍姆林斯基选集》第3卷，教育科学出版社，2001年8月第1版，第252页。

故事的同时，也在运用语言，寻找恰当的表达方式，感受语言鲜明的感情色彩和语言自有的那种动人的音乐韵律，语言由此真正进入了孩子们的精神生活，他们真正地掌握了语言。他们在创作，就是在想象，在语言的运用中发展了智力，表达了情感，锻炼了意志。而一旦错过了这个时期，就会造成永远的损失。因为创造鲜明、生动的童话形象是儿童思维从具体到抽象的第一步。自然，没有这个第一步，儿童就不能获得抽象思维的能力。

苏霍姆林斯基是那样热切地赞美孩子们创作的那些童话故事，那是一本《黄昏的童话》，是孩子们在黄昏时刻创作的，收集了许多关于飞禽走兽和花草树木的故事。对苏霍姆林斯基来说，这些故事无比珍贵，因为那是他在孩子们身上点燃的明亮的思想火花，也是一个真正的教师最宝贵的精神财富。

苏霍姆林斯基对童话的热爱，一方面缘于他认识到童话对孩子的强大的精神力量和教育价值，另一方面缘于他的祖母玛丽娅的童话启蒙。这位老人活了107岁，她是那样热爱童话，总是给孩子们讲各种各样的童话故事。她给孩子们讲童话故事时，一双黑眼睛里仿佛出现了童话里的情景，使小时候的苏霍姆林斯基总是以为祖母能看见童话里的东西。她讲童话时的声音一直留在苏霍姆林斯基的记忆中。在临死之前，她把已经当了四年教师的年轻的苏霍姆林斯基叫到跟前，给他讲述了最后一个童话，她用这最后的童话告诉苏霍姆林斯基：人总是要死的，只要他是一个真正的人，他那美好的劳动的岁月就将永存下去……

"在大海的最深处，水是那么蓝，像最蓝的矢车菊的花瓣……"这是安徒生笔下的那片迷人的海，它与那为了爱而默默承受苦难的美丽善良的小人鱼一样，该属于这个世界上的每一个孩子。

越是学习困难的孩子越需要阅读

　　与老师们一起聊天，谈到教育教学工作中最感苦恼的问题，几乎都是与学习困难生有关。许多老师反映，那些学习困难的孩子，老师和家长都花费了相当大的力气帮助他补课，却发现收效甚微。帮助这些学习困难生成了花费教师最多精力但又最具挫败感的事情。

　　那么，为什么帮助这些学生提高学习成绩如此困难？问题究竟出在哪儿呢？我回想了自己在一线做教师的经历，也仔细观察了学校里一些比较"有名"的学习困难生的表现，我发现虽然这些孩子表现各不相同，比如有的表现为语言障碍，有的表现为人际交往困难，还有的表现为感统失调……但有一点是相同的，那就是他们几乎都在阅读能力方面表现较弱，在历次不同年段、不同形式的阅读能力监测中，与同龄的孩子相比，甚至是与比他们年龄小的孩子相比，他们的阅读能力都是不合格的。反之，我们观察那些学业成绩优异的学生，发现尽管他们在学习中表现出来的长处不一，但他们的阅读能力都很不错。

　　那么，阅读能力与学科成绩有什么关联吗？

　　从这些学习困难生和学业成绩优异的学生的表现来看，抛却一些其他的诸如先天的不足、受到意外伤害等因素，我们可以初步做出判断：阅读能力与学业成绩密切相关。也就是说，一个阅读能力较差的孩子，他就有可能成为后进生；反之，一个阅读能力较强的孩子，他的学业成绩也不会太差。因此，要帮助一个学习困难生，最有效、最可靠的手段便是阅读，要引导他们进行大量的、持之以恒的阅读。

苏霍姆林斯基凭借多年的教育教学经验，发现了阅读与学习困难生之间的关系。他认为，阅读是对学习困难生进行智育的重要手段。帮助一个学生提高学业成绩，不是靠额外的补课，也不是靠没完没了地"拉一把"，或者需要专门订制某种特别的手段，而要靠阅读、阅读、再阅读。正是阅读在学习困难学生的脑力劳动中起着决定性的作用。

我深以为然。正如苏霍姆林斯基所说，由阅读引起的精神振奋的状态，是一个强大的杠杆，借助它能把大块的知识高举起来。阅读会让孩子们看到我们生活的世界上万物之间的复杂联系，并由此逐渐学会认识世界、认识别人、认识自己，智慧之门由此开启。因此，我在与学校老师一起讨论如何帮助那些学习困难生的时候，一个很重要的观点逐渐成为我们的共识，那就是：帮助这些学习困难生，不是靠补课，也不是要求家长在周末一定要把孩子送去各种补习班，更不是布置大量的试卷让学生回家去做，而是强调让这些孩子进行大量的阅读，先从他们感兴趣的书籍入手，再逐步阅读那些有助于开启他们智慧的好书；不光是利用在学校的一些时间进行阅读，还要求家长参与进来，给孩子提供阅读的基本条件。总之一句话，我们认为越是学习困难的学生越需要阅读。

正是基于这样的共识，我和教导处、科研室的相关人员在进行教学调研时，特别注重对学生阅读能力的测评。我们专门作出了一套方案，每年都对每个学生的阅读能力进行评价。在听课时，我们也有意识地观察学生的朗读和表达情况，以此作为判断学生阅读能力的一个重要指标。我和家长聊天的时候，谈论比较多的话题也是如何提高孩子的阅读能力，以及孩子在家庭中读些什么书。当家长为孩子的学业成绩不理想而焦虑时，我们给出的建议之一也往往是阅读。

我曾跟老师和家长们谈起过一位数学老师的经验。这位名叫特卡琴柯的数学老师，曾任教于苏霍姆林斯基所在的帕夫雷什中学。他教的班级数学成绩优异，而且没有一个学生不及格。是他的班上没有学习困难的学生吗？其实不然。他之所以能够让班上的学习困难生学业成绩达到合格，一方面是由于他多年的教育教学经验和卓越的教育教学智慧，还有一个很重要的原因是他特别注重学生的阅读。苏霍姆林斯基发现，特卡琴柯非常善于通过阅读来发展学生的智力才能。从五年级到十年级，他教的每一个年级都有一个绝妙的小图书馆，里面有不止 100 种书籍，这些书都是以鲜明的、引人入胜的形式来讲述他觉得是世界上最有趣的一门科学——数学的。原来，他是通过引导学生大量地阅读关于数学方面的有趣的书籍，来激发学生学习数学的兴趣，看到数学的迷人之处的，这同时也开阔了学生的视野，启迪了学生的思维。对特卡琴柯和他的学生来说，阅读成为一种最有趣的、最能够为学习数学提供帮助的手段。

在目前的教育教学实践中，我们面对学习困难生，要首先分析这个孩子产生学习困难的原因，再来寻找相应的对策。也许造成每一个孩子学习困难的原因都不尽相同，但有一个对策却是通用的，那就是阅读，让阅读帮助他开启智慧之门。所以，当帮助一个学习困难生耗费了大量精力进行补课，却依然没有取得良好效果的时候，其实就是该让他大量阅读的时候了。也许这种阅读对学业成绩的影响不会立竿见影，但它肯定是对的。当我们行动的方向正确时，哪怕前进的脚步慢些，还会害怕不能抵达吗？

教育学生尊重书籍

我给小朋友上阅读课的时候，除了指导他们阅读书籍本身的内容，组织他们进行一些问题的讨论，还有很重要的一点就是教育他们要懂得尊重书籍，尊重作者，尊重所有为这本书的出版付出了智慧和劳动的人。我觉得这是一种基本的教养，否则就谈不上对阅读的热爱。

比如，我每次给小朋友上绘本阅读课，都会在阅读一本书的封面时引导小朋友不光观察封面上的图画，还会请他们重复读一读印在封面上的作者、译者的名字，还要了解是哪一家出版社出版了这本书。这样做看似没什么思考含量，但其实我是有用意的，那就是我希望孩子们懂得，一本好书是靠作者、译者、出版社编辑人员、印刷厂工人等许多行业、许多人的共同奉献，才最终来到我们手上的，我们应该尊重他们，应该对他们付出的劳动心存感激。这种尊重不是停留在口头上的，而是表现在平时的阅读习惯和一些细节中。比如，我给小朋友读书时，会告诉小朋友每一本书都是有生命的，你是不是爱它，爱它到什么程度，它是有感受的。如果你非常爱一本书，你就要让它保持整洁、美丽。所以我会给一二年级的小朋友们示范如何翻动书页，怎样翻动书页才会避免在书页上留下折痕和污迹；我还会告诉小朋友们，书签、腰封与书籍自带的导读册都是一本书非常重要的组成部分，不能随意丢弃，应该让它们一直与这本书在一起。我曾组织小朋友们一起为那些"孤独"的书签或腰封寻找属于它的"家"，也曾组织小朋友们一起修补那些出现破损的书……这些事情我和老师们总是邀请小朋友一起来做，我们认为做这些事的过程本身就是一种教育，一种让孩子们学会尊重书籍、尊重他人、尊重自己的品行教育。

有一次，学校购买了一批精美的图画书，需要一一登记入库作为学校图书馆资产，所以每一本书都要贴上有条形码的标签。我们聘请了专门从事这项工作的图书公司相关人员来校帮忙。几天以后，我看到了这批全部被贴上条形码的书，却遗憾地发现，所有的条形码都被随意地贴到了每一本书的蝴蝶页上面，就像在美丽的衣服上打了个难看的补丁，极大地破坏了蝴蝶页特有的完整和美感。我对学校的图书管理老师说，一本书的蝴蝶页绝不是一个可有可无的陪衬和装饰，而是书籍非常重要的组成部分；一本好书，它的蝴蝶页往往是精心设计的，蕴藏着作者、编者巧妙的构思和独特的用意。我建议将条形码贴到一个不会破坏书籍美感的地方，而且粘贴时条形码不要倾斜，要端端正正地贴，这是一种对书籍的尊重态度；又由于这些书最终是要给学生读的，条形码被端正地、仔细地粘贴，也是对阅读这本书的学生所进行的一种素养教育。经过图书管理老师与图书公司相关人员的沟通，以后我们购买的图书贴条形码时，再也没有出现过这种情况。

曾经有小朋友问我，为什么学校图书馆里有的书买了一模一样的好几十本？为什么有的书书名是一样的，但书的封面、封底和出版社都不一样？我告诉小朋友，真正的好书值得购买，值得每一个小朋友认真阅读，为了保证每一个小朋友有充分的阅读时间和阅读机会，我们挑选了一些经典儿童书籍作为各年段必读书单，每种至少购买四十本（我校每班学生在 35 人左右），这样就能保证每个小朋友有充足的时间阅读这些经典的书了。在这些经典的书籍之中，有一些跨越了时空，如《爱丽丝梦游仙境》《小王子》等。为了帮助学生理解这一点，我们在学校绘本馆专门开辟了一个区域，陈列了一百多种不同时期、不同出版社、不同译者、不同版式的《爱丽丝梦游仙境》，让学生随时取阅。这一百多种《爱丽丝梦游仙境》的搜集费了不少周折，我校的图书管理员老师想了许多办法，才把国内目前能够见到的版本基本网罗到手。这一百多种《爱丽丝梦游仙境》被摆放在显著区域，成为我校图书馆的一个独特景观。那么，为什么是这本书？这不仅是由于我校的绘本馆名叫"爱丽丝绘本馆"，更是由于这本书是世界幻想文学的奠基之作，它应该受到这样的尊重和礼遇。我们之所以专门开辟这个区域，是想向学生表明，好书值得尊重，值得受到这样的礼遇，而学校绘本馆取名"爱丽丝"也是表达向经典致敬之意。

构建班级图书馆

　　培养孩子的阅读习惯，让孩子从小就能感受到阅读的快乐，学会从阅读中寻求和发现自己感兴趣的领域，获得阅读带给他们的持续的发展力，开启孩子的智慧，是推动孩子阅读的目的。要实现这个目的就不能仅仅停留在理念的层面，而应该从日常的教育教学实践出发，一点一滴地渗透到具体的行动中。从学校教育这个层面，除了建设拥有丰富、美好藏书的校园图书馆，还有很重要的一点是要开展丰富多彩的阅读主题活动，以及组织学生和家长一起来构建班级图书馆。

　　与学校图书馆相比，散布在各个班级的小图书馆更加便捷，更具个性化，更有利于推动学生的阅读落到实处，而实施的难度也会相应降低。这是由于班级图书馆就在学生的身边，学生可以随时拿到自己喜欢的书，利用在校的一些零散的时间进行阅读，这就使在校园内读完一本比较厚的书而不必专门寻找阅读时间成为可能。教师还可以与学生及家长一起讨论，如何把班级图书馆建设得更加丰富，更加美丽，更能反映班级的特点和喜好，这无形中又增加了班级的凝聚力，加深了师生之间、学生之间、教师与家长之间、家长与家长之间的基于共同愿景、共同兴趣的情谊。从这个意义上来说，班级图书馆的构建又有了一层更加重要的意义，那就是：建立起家长和学生对班级的归属感、认同感和信任感，这将成为一种强大的正能量，辐射到孩子和所在班级的其他教育领域中去，从而使班级图书馆成为一个平台，一个载体，发挥它阅读以外的教育力量。

    明晰了班级图书馆的意义与价值，我们就要考虑如何构建一个比较好的班级图书馆，比如班级图书馆的书从何而来，一个比较好的班级图书馆应该拥有哪些书，怎样管理班级图书馆，大致的管理机制如何建立，等等。这些都是需要实实在在解决的问题。我校的班级图书馆里的书一部分来自学校，一部分来自学生家庭。我们根据不同年段，将学校图书馆里的书进行分析归类，挑选一批适合学生年段的书分发到各个班级图书馆。在购买图书方面，学校可谓不遗余力，我和老师们、家长们逐渐达成了一个共识：给孩子买书是最好的教育投资，在这方面无论花费多少金钱都是值得的。我最自豪的是，在学校公用经费的使用中，最大的经费投入便是给学生购买图书，以及建设校园图书馆。因此，学校图书馆的书目是不断更新的，好书被源源不断地分发到各个班级。对特别经典的书，我们绝不吝惜经费，都按照超过学生总数的规模购买，以保证每个学生都能手中有书，这样也有利于班级读书会的开展。另外，为了加大好书的流通性，减少不必要的时间浪费和借阅环节，我们在同一个年级的各个班级之间开展图书漂流活动，在事先约定好的时间内将本班读完的书漂流到其他班级。由于每个班的书都不一样，这既保证了各个班通过漂流得到的书都是本班学生没有读过的书，又在一定程度上形成了班级之间你追我赶的读书氛围。

    除了学校投入大量的经费来购买图书，我们还动员学生和家长将好书奉献出来，与班级同学进行共读。虽然学校方面的投入是建设班级图书馆最重要的来源，但我们还是希望学生及其家长能一起加入到班级图书馆的建设之中。虽然来自学生和家长的投入并不多，但学生和家长参与班级图书馆建设的意义不在于奉献多少，而在于他们在这个过程中形成的责任感和参与意识。老师们与家长们一起探讨构建班级图书馆的种种好处，让家长看到学校在推动学生阅读方面所作出的种种努力，甚至许多班级还把家长请进教室给孩子们读书、讲故事，给家长们展示孩子们制作的阅读卡、阅读小报、阅读展板，通过学校微信公众平台和学校网站报道学校推动阅读的一些活动……绝大多数家长都深受感动，纷纷加入到班级图书馆的建设中来。有些家长最初没有阅读习惯，不但自己不阅读，也不知道给孩子推荐什么书去阅读，但在共同构建班级图书馆的过程中，这些家长都逐渐了解了阅读的好处以及阅读的相关知识，也知道了应该给自己的孩子推荐什么书。我想这就是家校学习共同体的建设，对家长来说也是一种很好的教育。

班级图书馆有了好书，并不算是真正的建立起来，还有很重要的一点就是要帮助学生管理好班级图书馆，让班级图书馆发挥它的最大效用。每个班级都通过竞选或同学推荐的形式推出各班图书馆小馆长，其实就是小图书管理员，负责组织同学整理、借阅以及登记刚刚购买的图书等。有的班级小馆长是轮换的，也有很多班级的家长们会不定期地来到教室，与孩子们一起做一些诸如整理、登记、购买图书之类的工作。我们允许学生将班级图书馆的书带回家中阅读，但要求读完后按时归还。由于班级图书馆全部是开架的，所以学生可以随时取阅自己想看的书。对于在流通过程中出现破损或污迹的书籍，我们就会要求孩子们自己动手尝试做一些尽可能的修补。我们希望让孩子们明白，让一本书保持一种最好的状态，是对书籍及其作者的尊重，是一种基本的教养。

围绕班级图书馆可以开展许多非常有意思的活动，在活动中把全体学生和家长的阅读热情带动起来。比如，最常见的活动便是围绕一本书开展班级共读活动，组织学生召开班级读书会，让学生以各种形式呈现自己的阅读成果，交流自己的阅读收获。我校每年的寒假和暑假都会给学生布置阅读方面的作业，包括绘本阅读与自创绘本，设计完成阅读小报、创意书签，制作班级阅读展板，经典书籍片段展演等，通过这些丰富多彩的形式让学生，甚至家长都尽可能地参与进来，形成浓厚的班级阅读氛围。假期结束后，老师将孩子们的作品收集起来，进行阅读主题展示，每个班教室门外的墙面上，都贴满了孩子们的作品，有的是读书笔记，有的是亲子阅读照片，还有的是创意书签、阅读卡片等。最有趣也最让孩子和家长们期待的则是文学戏剧的表演活动，孩子们挑选自己最喜爱的书籍中的一个片段，编写剧本，分配角色，自己设计、制作舞美、音乐、道具、服装等，在家长和老师的指导下进行排练，然后进行汇报演出。将文学作品演出来，已经成为我校一个最重要的活动，也是最受孩子和家长喜爱且收获最大的活动之一。

另外，构建班级图书馆还有一个好处，那就是一个班的班级图书馆拥有的图书越丰富，阅读活动开展得越频繁、越有趣，教师在班级管理方面的焦虑感和无力感就越少，在学科教学中遇到的困难也越少。其中的因果关系耐人寻味，我想不外乎就是因为一个爱阅读的班级无论在学习成绩还是在行为习惯上都不会出现大的问题——阅读虽然不是万能的，但它在孩子成长中所发挥出来的强大的正向推动力是很容易就可以感受到的。

怎样组织学生开展阅读主题活动

构建了班级图书馆，以班级为单位开展阅读主题活动就具备了相应的条件。我认为，开展丰富多彩的阅读主题活动是将阅读持续推进的重要方式，甚至可以说，阅读主题活动将源源不断地给阅读注入活力，使阅读能够真正融入学生的校园生活，成为其终生难忘的记忆。

对于许多教师来说，开展阅读主题活动大都以班级读书会、布置学生写读书笔记等形式来进行。但这些活动一旦组织的次数多了就很容易使学生厌倦，究其原因就在于这些活动对学生来说基本属于被动地参与，是为了完成老师和家长布置的阅读任务，而没有调动起学生和家长主动参与的热情，没有激发他们的智慧与创造性，因此，这样的阅读主题活动效果也就不够理想了。其实，阅读主题活动可以开掘的空间是非常大的，形式十分多样，只要开动脑筋，那些有趣、有料的阅读主题活动将源源不断地呈现出来，为班级阅读注入活力。

在我有限的经验中，我所看到或曾经组织过的阅读主题活动还有以下这些。

"将书籍演出来"阅读主题活动。我们将阅读与戏剧相连接，开展了经典名著人物 Cosplay 化妆巡游活动。这次活动的主题是"文学，真好玩"，这也是我校首届戏剧节的主题。在活动之前，每班学生都在老师和家长的带领下共读了好几本书，然后全班同学集体商量确定其中的一本书作为戏剧展演的内容，并选择其中最经典的片段和人物进行剧本创编，全班学生自选角色扮演，服装、道具、舞美、音乐等都由学生充分发挥创意去承担，每一个学生都承担了其中的一项任务，老师和家长则协助组织，提供必要的帮助和支持。戏剧表演形式不拘一格，情景剧、滑稽小品、经典对白、诗词吟诵、集体舞（兔子舞、扇子舞、街舞）、歌伴舞、越剧表演、走秀等，深受学生和家长的欢迎。这样的活动达到了多赢：学生从中感受到了阅读的快乐、表演的快乐，以及校园生活的快乐。曾有家长跟老师提起这样一件事：她观看了女儿所在班级的戏剧演出后，在微信中晒出了自己拍摄的现场活动照片，其中有一张照片展现的是她的小儿子，他刚刚学会说话，跟着妈妈来到学校观看姐姐的演出，他看得入了神，情不自禁地说出了人生第一个感叹句："姐姐的学校真好啊！"我们觉得，听到这句话，所有的辛劳都化作了快慰。其实，"将书籍演出来"这样的阅读主题活动，还让我们有了一些事先并没有充分预见到的收获，那就是其中的德育价值，比如在团队合作方面、自主管理方面、意志品质方面，以及如何看待自己与他人，还有对美、爱、善良、岁月、梦想的相信。

"故事温暖童年"阅读主题活动。小学低段正是孩子阅读习惯养成的关键时期，我们将"孩子最早的老师"——家长动员起来，让家长与孩子一起读书，营造良好的家庭读书氛围，引领孩子走进书的世界。我们认为，阅读活动如果没有家长的参与是十分遗憾的，假如家长认识到阅读的好处，我们的工作将事半功倍。因此，让家长参与学生的阅读活动一直是我们的重要主张，许多活动也由这个起点出发进行策划和组织。我们动员家长和孩子展示家庭书架，展示自己最爱看的书，以此来了解学生家庭的藏书情况和读书情况，倡导每个家庭建立小书房，没有条件的就建立一个家庭图书角，让书香飘进每一个家庭。为了将活动落到实处，我们将倡议变成便于操作、便于实现的活动要求：请家长和孩子以照片、绘画的形式，讲述自己和书的故事。照片或图画的内容可以是亲子阅读时的场景，也可以是自家书架的展示与介绍，还可以展示并介绍自己最爱看的书。这些照片和绘画经过教师的选择后，通过学校微信公众平台发送给所有的家庭，这对于家长和孩子的激励作用是十分巨大的。其实，我们知道，并不是所有的学生家庭都有条件或有意愿在家里设计一个书房和图书角，但事实上经过这样的活动之后，绝大多数家庭都尽其所能，努力为孩子创造一个阅读的环境，提供必要的阅读支持。

"我的绘本我创作"主题活动。有人说，孩子是天生的诗人，其实，孩子也是天生的画家和作家。尤其是孩子们阅读了大量经典的图书之后，会产生浓浓的创作欲望，我们鼓励孩子通过自己的创作把他们眼中的世界、心中的想象表现出来，"我的绘本我创作"正是在这样的背景下展开的。这是由阅读向创作的转变，阅读能催化和激发孩子们艺术创作的灵感。孩子自创绘本看似是一件高难度的事情，但其实只要我们摒弃过多的功利性，孩子自创绘本就会精彩纷呈。事实证明，所有的家长和老师都没有费太多的精力和时间去指导，孩子们就创作出了许多令人难以置信的优秀作品。现在那些作品都摆在学校绘本馆的显著位置，每一个来绘本馆阅读的孩子，每一个来绘本馆参观的嘉宾，都能看到这些孩子的原创绘本。从那些题材、风格、容量各异的自创绘本中，我们看到的是那些长上了翅膀的心灵，那些令人惊叹的创意和思想，还有令人感喟的来自童年的天问。我们还针对其中的优秀作品开展了原创绘本拍卖会，邀请媒体、家长和周边社区的居民参加。我们征得孩子们的同意，将拍卖后所得的款项用来成立了阅读爱心基金，用来资助山区学校的孩子购买新书。这就使我们的阅读活动有了更大的延伸，被赋予了更美好、更深层次的意义。

"创意书签设计"主题活动。懂得一些关于书籍和阅读的基本知识，是我们开展阅读活动的一项重要内容。因此，我们教给学生认识一本书的结构，了解一本书创作、出版的流程，也告诉他们关于蝴蝶页、腰封、书签的相关知识。为此，我们策划了"创意书签设计"主题活动。孩子们可以给自己喜欢的一本书设计书签，也可以给自己创作的绘本设计书签，看谁的书签设计得富有创意，富有想象力，同时与配套的书籍有所呼应。在这些元素中，想象力是其中最重要的指标。我们还选取一部分最优秀的作品帮助孩子进行精工细作，将孩子的姓名、年龄、班级等信息都印刷在书签上。这对于孩子们的激励作用是十分巨大的。这些精美而富有创意的书签，成为学校各种活动中最受孩子们欢迎的奖品，也成为每一个来学校参观的嘉宾感到最珍贵的礼物。其实，"创意书签设计"主题活动的目的不在于评比，而在于通过这样的活动，在孩子们的心中悄悄埋下了热爱阅读、热爱书籍的种子，它看似不经意，但会逐渐培养孩子对于阅读的品质要求，或者说会使孩子逐渐形成一种阅读洁癖——他很容易屏蔽掉一些不好的书，因为他通过书签、腰封等细节就基本上可以判断一本书的品质高下。

"家庭读书会"主题活动。通过家长的广泛参与，我们认为家庭读书氛围已经逐渐建立起来。但我们又发现一个问题，就是家庭与家庭之间还没有建立连接，没有形成一个阅读共同体。当然，通过班级组织的阅读活动可以实现学生家庭之间的连接与交流，但我们认为让家庭之间形成一种共读与交流的常态是更重要的——如果学生家庭之间不通过班级专门组织的阅读活动就能实现交流（当然不仅限于阅读这个领域），彼此建立起广泛的连接，分享包括阅读在内的家庭教育经验，那么这对于每一个家庭来说都是有益的。因此，我们鼓励学生家庭之间组建一个阅读共同体，不定期开展家庭读书会。每次召开家庭读书会至少需要两个及以上的家庭参加，在活动前期这些家庭共读一本书的基础上，选择大家都合适的时间，自行选择一个场地（室内外均可），进行一次读书交流会。内容可以是家长同读教育类书籍的心得交流，也可以是孩子们同读一本书后的感受分享，还可以是互相推荐好书。学校鼓励家长和孩子将活动过程用文字和照片的形式记录下来与老师分享。事实上，大多数家长和孩子都非常愿意参加这项活动，有的还将活动照片和文字制作成精美的读书活动手册送给学校，上面写满了家长之间、孩子之间充满温馨与感激的留言。这样的家庭读书会，让原本没有太多交集的家庭成为一个个学习共同体，彼此分享，彼此鼓舞，不但家庭读书氛围浓厚了，连班级管理难度也减少了许多。

"新媒体展示阅读成果"主题活动。当下，移动互联服务十分发达，以微信为代表的移动新媒体成为重要的社交与通讯工具。我们可以充分利用这一点为教育教学服务。不但学校成立了"家校联盟"微信公众平台，每个班也组建了班级微信群，这样就能及时地把学校活动、通知等发布给家长。在利用新媒体方面，我们有个很重要的经验，那就是决不把微信这类新媒体仅仅看作是一个给家长和老师发布通知的平台，而是把它同时看作是一个分享、展示与交流的平台。因此，我们开展的所有的包括阅读在内的活动，都在学校和班级微信平台上发布过、展示过。比如，孩子和家长的阅读成果，家庭书房的展示照片，孩子们自己创作的书签、写作的读书随笔、制作的阅读小报，孩子们演绎经典文学作品的戏剧演出报道……我们认为，这就是比较扎实的所谓阅读氛围的创设。

"推动阅读"公益活动。我们认为鼓励学生和家长力所能及地从事一些阅读公益活动，是非常有意义的。学校先后与一些比较有影响力的媒体进行合作，开展面向社会的阅读公益活动。比如，我们启动了"故事妈妈""故事爸爸"招募活动，邀请一部分热心于推动阅读的家长和市民报名参加，利用周末时间来到学校图书馆，给孩子们读书、讲故事，进行亲子阅读交流和指导。报名应聘"故事妈妈""故事爸爸"的不仅有我校的学生家长，还有一些社区居民和其他各界人士。这些志愿者牺牲休息时间却不计报酬地推动阅读的行动也感染着广大家长、孩子和老师们，成为大家将阅读进行到底的新的动力和源泉。

附 一

闫学：阅读，生命中最重要的遇见

"又值岁末，盘点即将过去的 2006 年，一些场景、一些面孔、一些瞬间，串起了生命中一段依旧平凡却值得珍惜的岁月。而那些温暖的记忆，竟或多或少都与书有关……"

从山东章丘到浙江杭州、从小学教师到区教研员、校长，从一个紧张害羞的小姑娘到一位从容自信的教学专家，回首自己的专业成长，闫学将功劳归结为阅读。闲暇时间，她爱躲在自己的书房里，看上一下午的书；给孩子们上课，总不忘推荐好看的童书；外出讲学，她与老师们谈得最多的是阅读；与徒弟们研讨聚会，话题往往还是离不开阅读。

因为阅读，她对小学语文的含义有了新的理解；因为阅读，人们对教研员的角色有了新的认识；因为阅读，她引领着越来越多的教师走上了专业发展之路。

教师读什么书，该如何读书，闫学本身就是一面镜子。

"我就是一个不停奔跑的孩子"

总结自己的成长经历，闫学说，其实并没有什么捷径，无非就是阅读。

或许是因为名字中有一个"学"字，闫学从小爱学习，渐渐嗜书如命。一分钱一颗的糖果和五分钱一支的雪糕被她省下来，换成了一毛钱一本的小人书，最多的时候积攒到近300本。上高中时，她爱上了邓友梅的《那五》、梁晓声的《今夜有暴风雪》以及何士光的《草青青》。她甚至省下一个月的伙食费，在小县城唯一的新华书店里，偷偷买了一套《红楼梦》。虽然临近高考，但下了晚自习后，她总在床头点起蜡烛偷偷地看，哭得鼻涕一把泪一把。

"我曾经是个文学青年，王安忆、铁凝、陈丹燕等女作家轮番成为我的偶像，直到现在，我对文学的热爱仍有增无减。"在山东章丘实验小学教书时，为了备出一堂好课，闫学常常要阅读大量的书籍和资料。尽管兼任班主任、教务主任和少先队辅导员，尽管她执教的班里有82个孩子，白天忙得一塌糊涂，但晚上在女儿睡着之后，她常常抛开倦意，潜心读书，一读就到深夜一两点。

但那时的阅读还是不自觉的，更多的是出于兴趣和教学的需要。闫学坦陈，她曾在阅读美国课程论专家小威廉姆·E·多尔的《后现代课程观》时，几乎不知作者所云。渐渐地，她意识到，原因还是在于自己教育理论基础的不足、知识结构的不完善。于是，她决定加大阅读的难度，开始"有坡度"的阅读，刻意研读相关的教育理论书籍。

相对来说，闫学读得最多、最爱读的还是苏霍姆林斯基的书，因为他"几乎谈到了中国教师可能遇到的所有问题，而且谈得很透，对年轻教师来说极其有帮助"。苏霍姆林斯基的著作她前前后后读了不下五遍，他的许多教育理念对她产生了深刻影响。例如，他强烈反对儿童背诵自己不理解的东西，他曾召集全校教师开会研究如何教育一个"问题学生"，也曾指出教师应是孩子志同道合的朋友。"当教师时，我学习他的教学过程与教学方法；当班主任时，我观察他如何实现学生的心灵转变。当教务主任时，我又试着领悟他的管理智慧。可以说，苏霍姆林斯基就是我的启蒙老师。"

2009年至2010年，她的专著《跟苏霍姆林斯基学当老师》《跟苏霍姆林斯基学当班主任》先后出版，以朴素优美的文笔和深刻犀利的思想，受到全国各地教育工作者的热烈欢迎，两本书迅速成为教育类的畅销书，成为全国各地进行教师培训的重要教材。

对苏霍姆林斯基的阅读，让闫学能够站在高点，从人的角度思考教育问题，而不单纯地过多地使用教育技巧。语文在她眼里变成了开放的、柔软的、充满趣味的语文。但她也承认，阅读苏霍姆林斯基之初，感觉不够游刃有余，原因在于没有打通，于是又阅读人文书籍，以丰富底色，开阔视野，茨威格、章诒和齐邦媛等人的书她都爱看。她也专门找来哲学类书籍来读。渐渐地，那个第一次公开课开始20分钟后就没东西可讲、腿肚子直哆嗦的小姑娘，在几百人、几千人面前也能侃侃而言，从容自若，底气越来越足，一切都能掌控。

2002年，闫学参加了特级教师的评选，并顺利通过。那一年，她32岁，距离她初登讲台只有11年。

2004年，闫学成为拱墅区教育局教研室的一名教研员。"江浙一带的教师研究学习的热情很高，特别爱提问，没有广博的知识、开阔的学科视野，是无法应对教研员这个工作的。"那些年，她花了大量时间重读教育经典，如《大教学论》《帕夫雷什中学》《教育漫话》《民主主义教育》等，并写下大量的读书笔记。

"我是一个奔跑的孩子，奔跑是我一生的最爱，也是唯一的目标。每一次停泊，意味着另一次起航；每一丝眷恋，遗落在奔跑的路上。"闫学说，我不敢自称优秀教师，但我就是这样做的。我的成长史就是完善知识结构的阅读史，就是笔耕不辍的写作史，就是课堂实践的磨炼史，就是持续反思的研究史。

"阅读让教师呈现不一样的课堂"

经常有人问闫学，读书到底能给一位教师带来什么？

在闫学看来，她之所以走到今天，一条很重要的经验便是找到了一条不同于其他教师的成长之路：除了教书，还花费了大量的精力去读书和写书。

阅读，帮助教师至少在精神上实现突围。一个爱阅读的教师，生命将变得敞亮、豁达而生动。在教师的职业生涯中，除了必要的实践与经验，只有阅读能让自己变得富有智慧、充满活力、幸福涌动。爱阅读的教师会对学生的精神层面产生重要的影响。就像苏霍姆林斯基那样，不但自己是一个读书人，他所领导的帕夫雷什中学的所有教师也都是读书人，而这个由读书人组成的教师集体无疑会潜移默化地影响着学生，把他们带入阅读这个神秘而迷人的世界。

而且，阅读让教师呈现不一样的课堂、不一样的语文、不一样的教育。

2010年春天，闫学在教学上开始了越来越多的尝试。她带领一群小学六年级学生一起欣赏泰戈尔、冰心和余光中的同题散文诗——《纸船》。通过三首同题诗的比较鉴赏，让学生看到真正优秀的诗歌是怎样表现意境的，以及真正优秀的诗歌在艺术上可以到达怎样的高度。在讲授六年级作文课"我的理想"时，她借助泰戈尔的诗歌、三毛的散文向学生展开了一幅美好的人生画卷，一个老套的题目经过她的讲述顿生趣味，课堂也变得格外精彩。讲《我的伯父鲁迅先生》一文时，她通过郁达夫、萧红、林贤治、钱理群描写鲁迅的文字，呈现出一个立体可感、有血有肉的鲁迅形象，引起了学生强烈的共鸣。

没有大量的阅读，讲课的方法就可能比较笨拙，效果也不会好。说到底，阅读与教学是一种因果关系。有人说，江浙一带的老师讲课比较精彩。闫学认为，这与这里一直有阅读的传统、教师读书相对较多有关。读书多了，课堂会呈现多种面貌，而非单一的、概念化的课堂。"虽然我是学中文的，但也不能保证什么东西都是精确的，不可能张口就来。为了上好课，我平日里不得不查阅大量资料，阅读大量的书籍，从前如此，现在依然如此。"

2010年4月，文本细读成为语文界热议的焦点话题。一位教师就曾向闫学请教，文本细读和文本解读有什么区别？这个问题促使她阅读了大量西方美学、文艺学的书籍。当她把列维·斯特劳斯的结构主义、雅克·德里达的解构主义、艾略特的新批评、起源于俄国的陌生化理论等书籍通读一遍后，她不仅能娓娓道来各种理论的内涵与优缺点，作出"文本细读是文本解读的一种方法"的论断，也能将之恰当地运用到日常教学中，将自己对文本的解读转化成相应的教学方案，服务于一线教师教学，而不是单纯的文艺批评。

而在细读教材、解读文本的过程中，闫学发现了许多不曾留意的问题。例如，叶圣陶的许多文章入选了现行各个版本的小学语文教材，但她认为叶圣陶的《瀑布》一文写得并不理想。于是上这节课的时候，她没有将之作为经典的范例来教，而是告诉孩子写瀑布写得最好的是谁，好在哪里以及具体的理由。讲郑振铎的《燕子》一文，她明确提出，入选教材的版本被改得面目全非，失去了原文的神韵，已经不是郑振铎本人的东西。巴金的《鸟的天堂》也改得没道理，画眉鸟在枝头上"唱着"被改成"叫着"，明显与后面的"那歌声真好听"不搭配。

在对人教版、苏教版和北师大版的小学语文教材进行了两年的对比研究之后，闫学推出了《小学语文文本解读》一书，为教师搭建了从文本到课堂之间的桥梁。钱梦龙在该书序言中如此写道：解读文本是一件最能显示语文教师功力的活儿。闫学之所以优秀，很大程度上得益于她解读文本的功力。如果我们真想使自己也成为像闫学一样优秀的语文教师，首先就应该实实在在地从提升自己解读文本的功力入手，探寻解读文本的基本路径和方法，最后磨练出自己的解读艺术，这才叫善于读书。

"爱阅读的教师走得更远"

经常有人问闫学，你读书的时间从哪里来？

闫学的回答是："当读书成为一种生活方式，就不愁没有阅读的时间。阅读，应像呼吸一样自然。"

从小学老师到教研员，现在又担任校长，闫学的读书生活一直没有停止。

在闫学看来，只有借助阅读，一个教师才能真正站稳讲台。"不读书的教师生涯，是一种无休止的重复和受难。要避免这种痛苦和虚空，只有让自己更坚决、更深入地沉入阅读之中。一个教师在教育这条路上究竟能走多远，很大程度上取决于他对读书的态度。"

长期的阅读带来的是不一样的心灵感受。在阅读本哈德·施林克的《朗读者》时，闫学第一次真切地感受到阅读是一件幸福的事情。在 15 岁的少年米夏与中年女人汉娜的故事中，始终有一个常规节目——朗读。曾经身为纳粹分子的汉娜是个文盲，却有意掩盖了自己不会读写的事实，她让米夏朗读文学作品给她听，一直到她被捕入狱直至死亡。"在此之前，虽然我在阅读中获得了许多快乐，但似乎从来没有真正意识到，一个能够阅读的人会从阅读中获得幸福。而这一点，与我们是不是一名教师无关。"

但仅仅有愉快、幸福的阅读体验还远远不够，没有明确的阅读规划，就是一种低价值的重复，是在浪费时间。与其他职业不同，教师必须不断提高阅读质量。而高品位的阅读带来的，不仅是完善自己的知识结构，也为教师打开了一个宏大的视野。在外出讲学时，闫学发现，许多老师只对课堂的教学效果或某些细节感兴趣，只对教师在课堂上的表现感兴趣，对如何锤炼内功、丰厚底蕴、完善自己的知识体系等反而提不起兴致。也有一些青年教师对某一节课反复试教，从环节设计到语言渲染力求完美，但却不愿意阅读一本坡度稍大的书。"爱课堂，爱孩子，爱教育，是一种起码的教育情怀，但对于一个渴望在教育这条路上走得更远的教师来说，只有爱是不够的。"

2008 年 1 月，闫学推出了《教育阅读的爱与怕》，提出了"有坡度的阅读""阅读重在完善知识结构"等概念，直指教师阅读的软处与痛处。

由于工作的关系，闫学要经常向教师推荐图书，诊断教师的课堂教学，更是要加大阅读的深度与广度。近些年，她的读书笔记达到近百万字，其中仅苏霍姆林斯基的摘录与心得就超过 10 万字。在阅读中，她反思中国教育和自身教学，并试图从这些依然鲜活的文字里寻求更多的价值意义。这种指向明确的阅读也让她渐渐拥有了一双慧眼，发现了当下教育界普遍存在的不科学的教育行为。例如，在一线听评课时，她发现一些老师在孩子中午吃饭时，不让孩子好好吃饭，却开展什么吃饭比赛。有时还在黑板上讲题，并要求孩子认真听讲。她还发现，通过机械练习、扩大阅读和学习艺术都能提高孩子的语文成绩，但机械练习的学生到了高年级会与后两个学生群体呈现明显的差异。她也不赞同英国哲学家约翰·洛克的某些教育观点，如惩罚孩子不看错误有多大，而是看孩子反抗的力度。

　　一个人不能同时画两幅画，再伟大的教育家也有局限的地方。在闫学看来，作为教师，不要轻易相信、膜拜某一个人。事实上，对苏霍姆林斯基的某些观点，她也并非完全认同。教育阅读，更多的是要基于对教育现实的观察与思考，弥补短板，使自己变得丰厚、柔软、完善，使课堂变得明亮、多彩、阔大，使孩子在知识与美德的浸润下快乐成长。

"爱阅读的家庭很幸福"

　　有意思的是，在闫学的熏染下，丈夫和女儿都成了不折不扣的阅读爱好者。虽然一家人阅读的兴趣点不太一样，但对阅读的热爱却是一致的。共同的阅读爱好让这个家庭总是充满温馨，充满了浓郁的文化氛围。如果说闫学的阅读兴趣更多的集中在教育领域，同为教师的丈夫则更多的集中在对古典文化的迷恋中，《易经》《道德经》等经典书籍都是他的最爱。而上中学的女儿也是一个"小书迷"，上小学六年级时曾写过一篇考场作文，描述自己的课余生活，题目就是"阅读，我的心灵之约"，后来发表在《都市快报》上：

阅读，对我有着神奇的吸引力。

我的母亲是一个非常优秀的语文教师，爸爸是一个体育教师，这俩人可都是"大书迷"，两个"大书迷"生了我这个"小书迷"。

我阅读过许多书，阅读占据了我课余生活的大部分时间。在我的房间里，最醒目的就要数那个书柜了。书柜上有许多好看的书，每一本书都有着不同的来历：有的是我自己在书店里挑的，有的是妈妈从网上买的，有的是出版社给妈妈寄来的新书，妈妈又转送给了我。在我看来，每一本书都有它独特的味道，有的像巧克力，浓浓地、甜甜地糊在心头；有的像冰激凌，给人带来清爽的甜；有的像糖葫芦，那种又酸又甜的感觉真好……

来到杭州的十几年里，闫学搬了好几次家，零零碎碎的东西扔了不少。许多东西无法适应新的环境，不得不弃之重新购买。夜阑人静之际，她发现唯有满屋的书籍一直都死心塌地追随着自己，无声地立在书架上，毫无怨言，忠心耿耿。

关于生命，关于未来，有太多的不确定，但之于闫学，之于她的家庭，可以肯定的是，阅读永远都是生活的重要组成部分，一如她那个颇有意味的名字。

张贵勇
《中国教育报》特约记者

附　二

阅读与教学是一种因果关系

记者：你为教师树立了一条专业成长之路，也指出了当前教师阅读存在的一些问题。那么，你在阅读上是否走过弯路？有没有比较深刻的记忆或感悟？

闫学：在阅读上我走过的最大弯路就是曾经有一段时间不知道自己该读些什么，找不到自己的阅读方向。当我还是一个新教师的时候，我的阅读基本局限在语文教学与文学作品的范畴中，没有开阔的阅读视野，没有将完善自己的知识结构作为基本的阅读方向。这样一来，当我试图对自己的教育教学提出更高的要求时，就往往力不从心，捉襟见肘，那种挫败感是十分痛苦的。于是，我开始着力去弥补。我的教育阅读是从阅读苏霍姆林斯基开始的，后来又阅读洛克，阅读杜威和夸美纽斯……在阅读大量教育理论经典的同时，我又发现但凡有名的大学者无不具有完善的知识结构，在教育教学实践中遭遇的挑战也促使我认识到只读学科教学与教育理论书籍是不够的，于是我又开始阅读大量的人文书籍。那是一片无边无际的海洋，好书似乎永远都读不完。我常常急迫地读着，总觉得时不我待。在这种囫囵吞枣似的阅读中，我的"功底"确实有了很大提高。同时，阅读使我开始不断地审视与反思自己的教育教学，并尝试着将这些感受记录下来，后来这些文字都发表在《中国教育报》等核心媒体上，这种巨大的鼓励又成为继续阅读的强大推动力，使我渐渐走上了一条读书、教书、写书的成长之路。如果说今天的我在教育教学上取得了一点小小的成绩，要追根溯源的话，这个源头就是阅读。

记者：现在很多老师不爱读书。你说阅读与教学是一种因果关系，你认为当前语文教师在阅读上最欠缺和最需弥补的是热情是方法，还是其他什么？

闫学：当前教师阅读中最大的问题是不能持之以恒，过于急功近利，希望阅读能够马上带来看得见的改变。这当然与目前整个教育的大环境有密切关系。在这种情况下，教师的阅读就不可能静心静气。我们提倡教师阅读，不少教师也早已意识到阅读的重要性，但我们可能更多的是从教育的效果本身出发去看待教师阅读，而没有重视阅读对一个教师精神层面产生的重要影响。其实，是否选择阅读，决定了我们选择的是一种怎样的生活。阅读会告诉每一个爱阅读的教师，教育不是生活的全部。目前，教师群体中一个很大的问题不是对教育的专注和忠诚不够，而是过于专注和忠诚了。当一个教师的生活中除了教育再没有其他东西的容身之地时，这样的生活无异于一种受难，是日复一日、永无尽头的重复、封闭与单调。教师的生活同样应该是丰富的，教师也应该有不同的生活状态，教育绝不应该成为一个禁锢心灵的囚笼。如何放飞自由的心灵？阅读虽然不是唯一的方式，却是一条重要的渠道。因为阅读会帮助教师至少在精神上实现突围，会让教师通过阅读看到世界的阔大与丰富，看到生命存在的多样性与不同的生长密码，看到生活的意义不仅在于教育本身，更在于感受生命成长的快乐和价值。生命因为阅读的参与而开始变得不确定，变得不再是一潭死水，不再是面前只有一条路，你完全可以换一种眼光，甚至换一种生活，哪怕有一天你不做教师，离开教育，你也会发现你还是可以生活，甚至可以生活得很好。那么，这唯一的一次生命，就因为阅读而被我们无限地丰富了，拉长了。因此，阅读不仅与教学是一种因果关系，阅读与教师的生命同样是一种因果关系。

记者：爱读书的教师有很多，但能上升到知性阅读的教师却有限。而这似乎是教育阅读最难迈过的一道坎儿。关于如何在阅读上实现质的提升，你对一线教师有哪些建议？

闫学：第一，把完善知识结构作为阅读的主要目标。我们有必要将教师的阅读与其他读者的阅读区分开来。教师的阅读应是以不断完善自己的知识结构为目标的，指向的是丰富、润泽、提升教师的生命质量。一个真正的优秀教师应有完善的知识结构，包括精深的专业知识、深厚的理论基础和开阔的人文视野。要成为一名真正的优秀教师，这三个板块的知识缺一不可。因为教育教学不是孤立绝缘的，教师的知识结构也不能是孤立绝缘的，他必须具有开阔的、丰富的、彼此融通的知识背景。说到底，知识的宽度将最终决定教师生涯所能到达的高度。

第二，将有限的时间花在经典阅读上。只有经典的书籍才值得花费时间去阅读。在浩如烟海的书籍中，要筛选出真正的经典并非难事，时间是最公平的筛子，真正的经典必然经得起时间长河的过滤。如果没有时间和能力从近年出版的新书中作出判断，就去选择那些已经被公认的经典书籍吧，至少可以减少一些盲目挑选所带来的风险。

第三，坚持有坡度的阅读。所谓有坡度的阅读，是指书目的选择必须对自己具有挑战性。真正有价值的阅读应该犹如爬坡，尤其是对大多数经典书籍而言，由于经典作品的丰富性、跨越性、创造性与可读性，也由于每一名教师知识背景的局限性，阅读时不费相当大的力气就不能到达顶峰，甚至费了相当大的力气也不一定能到达顶峰，可能我们终其一生阅读一本书，读懂的也只是其中的一小部分，但也只有这种有坡度的阅读才能对教师的成长真正有用。因为教师的阅读指向的是知识结构的完善，这种阅读不可能是一种享受，或者主要不是享受，更多的是一种提升、丰厚和转变，而不会像一般的读者那样只把阅读当成一种简单的乐趣而已。

第四，关注学生的阅读热点。知道学生在读些什么，就能比较容易地走进学生的心灵与生活世界，就能比较容易地与学生"打成一片"，从而比较容易地对学生进行教育。

记者：你强调研究教材、研究课文是语文教师的基本功，你觉得在解读文本方面，教师应从哪里入手？还有哪些地方做得不够？最需要注意什么？

闫学：由于知识结构的不完善和阅读视野的窄闭，不少教师对各种文本理论缺乏系统的学习，因此不具备基本的文本解读能力，以至于把教参当成唯一的备课资源。这样的教学无疑是封闭的，无法与学生形成高质量的教学对话，所谓语文素养的提升就成了一句空话。有的老师解读文本只是单纯地从经验出发，没有学会基本的文本解读方法，在解读文本时往往束手无策。另外，有的教师虽然具备一定的文本解读能力，但不能将文本解读的成果转化为课堂教学资源，文本解读与课堂教学是脱节的。《小学语文文本解读》一书的写作也正是基于这样的背景。因此，我认为目前语文教师最迫切的是系统学习一些经典的文本理论，以西方文本解读理论为主，包括诠释学、接受美学、结构主义、解构主义、新批评等，同时借鉴国内历代有价值的文艺批评成果。但必须指出的是，由于这些理论非常复杂，彼此交织，可能要花费相当长的时间和比较多的精力，才能有一些基本的了解；同时，还要注意与自己的教学实践紧密结合起来。我相信经过了这样的系统学习，教师朋友一定可以提高文本解读的能力，从而对自己的教学实践产生积极的影响。

张贵勇

附 三

这一代人的怕与爱

——闫学《读书教书写书》讲座侧记

认识闫学十年，她的身份一直在变，但性情一直未变。一如既往地温和，一如既往地坚定。四月野渡沙龙的活动主题是书，想着让渡友们认识几个真正的爱书人，自然地想到她，这家伙简直就是为书而生，半辈子干的都是书事——读书，教书，写书。于是，就以石鸡正肥，山泉尚甜，可否一同游春寻隐为诱，把她"骗"来了。

小米粥加白馒头，辣椒菜配黄豆芽。这是野渡每周五傍晚的流水席。特级教师来了，也只能吃这个。这是规矩。只看见"闫特"左手馒头，右手竹筷，上下翻飞，粥起粥落，动情处还忆起了慈爱的阿玛尼。你若不端，我便捧着。捧着一颗真心上前来。这才是一路人。

在很多的人看来闫学是一个传奇，久负盛名的专业翘楚，教育出版的市场宠儿，如鱼得水的办学新人。但闫学一开口便自称是一个没有故事的人，如果这些传说被定义成一个教师的成功，那么这一切都应该归功于书籍的力量。当她把她的阅读史写作史缓缓铺展开来的时候，我其实还是有点震撼的，虽然我都知道。旁边正专注聆听的我那正在上初一的学生邱奕涵意味深长地看了我一眼，说了一句，这就是你说的知行合一吧。而我读到的潜台词是，你看看人家是怎么当老师的。我承认这击中了我的痛点。我读闫学的第一本书，便是她的《教育阅读的爱与怕》。嗯，又爱又怕。她像镜子，照见我自身的懈怠、懒散、三心二意和自以为是，也照见我不曾动摇的热爱。

书，不知不觉会在心里树立很多很高的标杆，挖下很多很深的沟渠，读得越多你越清楚，那种又美又好的境地是存在的，那种又丑又恶的境地也是存在的。互为镜面，互显尴尬。如同经书和史书。于是，向现实妥协，或者跟理想死磕，成了一个选择；读，还是不读，成了一个问题。三个年轻的火枪手提出这个现实问题，让现场互动显得有些沸腾。男性视角更多体现的是社会学意义上的困顿，女性视角则更多体现的是修身养性、个体关怀的需要。而闫学的回答是，读书不是生活的全部，教育也不是生活的全部。读书是无用之用，但也是大用。

夜色阑珊，兴意未减，这才是沙龙本色。我们需要不同的声音，更需要真实的声音。互联网带来的社会变革，已经把我们带到更加开阔的地带，二元对立式的恐惧正在逐渐消除，一些原本坚硬的壁垒正在瓦解，我们应该感到我们现在正在拥有越来越多的选择机会，所以，读，或者不读，当刺猬或者狐狸，并非是非此即彼的选择，我们大可以走在广阔的中间地带，找到一个属于自己的点，去当一个"精致的立己主义者"。

读书，并没有比不读书伟大，反之亦然。互联网时代是一个一事精致便能动人的时代。能否找到那个动人的点，成为专业主义者，也许才是我们这一代人乃至下一代人的怕与爱。

又补：翌日，五人同游戴村。访张家弄村，觅郭氏祠堂。村道蜿蜒，人心古朴，耕牛白鹭，田间鸡鸭。过茶亭沈村，享山野美食。观百年古宅，叹现代农家，不觉时光易老。漫步响天岭，荡舟仙女湖，不分天上人间。不亦快哉！

野渡小南

2015 年 4 月 20 日

后 记

我不是来谈阅读的

写作这本书的间隙，我正在读加西亚·马尔克斯的《我不是来演讲的》。马尔克斯一生都在逃避演讲，以至于他一再在演讲中宣称"我不是来演讲的"。这让我想到正在写的这本书，写得这么辛苦，写作的时间又是这么漫长，谈的是一个关于阅读的主题，但是，我真的是来谈阅读的吗？

一个好友生活在西安，他曾多次邀我去西安讲学，每次讲学的主题都不一样：我讲自己如何教语文，如何做教研员，后来又讲如何做校长。但后来我们都发现，不论我讲什么主题，都有一个很重要的板块蕴含在其中，那就是阅读。究其原因，我想无非是由于"阅读"是我教师生涯中的关键词与核心词，它在我成长中的每一个阶段都扮演了重要角色，甚至与我的每一次变化都构成了很重要的因果关系。比如，我谈阅读让我的课堂教学实现了循环上升，谈阅读让我的教育写作变得开阔而丰富，谈阅读让我的教育反思不断走向纵深，谈阅读让我的知识结构趋于完善，甚至我还专门谈过一个主题：优秀教师首先应该是一个读书人……总之，我似乎总离不开阅读这个话题，无法回避。

但仔细一想，归根结底，我谈的其实不是阅读，而是怎样才能成为一个好老师。再往下想，我谈的其实也不是怎样成为一个好老师，而是如何让生命更加丰富和美好。

木心曾回忆少年时读书的情景：故乡四月的夜晚，后园的墙上满是蔷薇，大捧小捧地剪来，插在花瓶里，摆在书桌上，读波德莱尔。少年时的他翻来覆去读的是波德莱尔的《恶之花》，还有《巴黎的忧郁》。那些夜晚拥有令人沉醉的幸福，不可磨灭，成为他今生永恒的记忆。其实，木心不是来谈书的，他谈的是记忆中有蔷薇绽放的故园，是有书相伴的青春岁月。

每一段岁月都可以丰富和美好，而抵达的方式也有许多种。阅读只不过是其中的一种选择，就像少年的木心选择在春天的夜晚，让蔷薇和波德莱尔相伴。那么，我们选择什么？

这本书，只不过借助了阅读这一个维度，来探讨了生命成长的多种可能，并试图揭示其中某些隐秘的关系。如果读完这本书的教师朋友能最终明白，我其实谈的不是阅读，那我写作这本书的岁月就多了些额外的欢喜。

感谢每一位读到这本书的教师读者。

感谢大夏书系，这些年我们一直在一起。

闫 学

2015 年 4 月 16 日于杭州

图书在版编目（CIP）数据

给教师的阅读建议/闫学著.—上海：华东师范大学出版社，2015.5
ISBN 978 - 7 - 5675 - 3586 - 2

Ⅰ.①给... Ⅱ.①闫... Ⅲ.①教师—阅读辅导 Ⅳ.① G451.2

中国版本图书馆 CIP 数据核字（2015）第 098139 号

大夏书系·教育新思考

给教师的阅读建议

著　者	闫　学	
策划编辑	李永梅	
审读编辑	王　悦	
封面设计	奇文云海·设计顾问	

出版发行	华东师范大学出版社
社　址	上海市中山北路 3663 号　邮编　200062
网　址	www.ecnupress.com.cn
电　话	021 - 60821666　行政传真　021 - 62572105
客服电话	021 - 62865537
邮购电话	021 - 62869887　地址　上海市中山北路 3663 号华东师范大学校内先锋路口
网　店	http：//hdsdcbs.tmall.com

印刷者	三河市龙林印务有限公司
开　本	640×960　16 开
插　页	1
印　张	14
字　数	157 千字
版　次	2015 年 6 月第一版
印　次	2025 年 5 月第十八次
印　数	59 101 - 60 100
书　号	ISBN 978 - 7 - 5675 - 3586 - 2/G·8322
定　价	52.00 元

出 版 人	王　焰

（如发现本版图书有印订质量问题，请寄回本社市场部调换或电话 021-62865537 联系）